Pasta Artigiana

COLLECTION
ROLF HEYNE

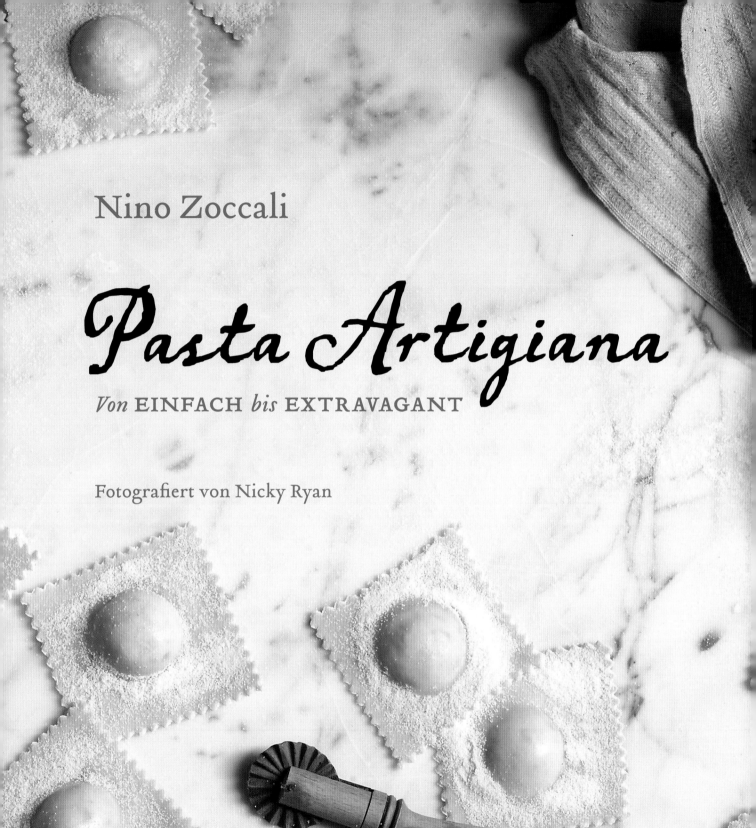

Nino Zoccali

Pasta Artigiana

Von EINFACH bis EXTRAVAGANT

Fotografiert von Nicky Ryan

COLLECTION ROLF HEYNE

Introduzione
Einleitung

La straordinarietà del cibo semplice

Die Einzigartigkeit der einfachen Küche

In jungen Jahren – und das ist schon eine gute Weile her – eröffnete ich mit Russell Barr, einem alten Freund aus Kindertagen, mein erstes Restaurant in der westaustralischen Weinregion Margaret River. Beide waren wir in der Nähe, in dem kleinen Küstenort Bunbury aufgewachsen. Wir waren begeistert von dieser vor allem bei Surfern sehr beliebten Küstenregion und waren damals selbst sehr ehrgeizige, gute Surfer. Als Restaurantbesitzer hatten wir jedoch weit weniger Erfahrung und mussten daher noch eine Menge lernen. Unsere mangelnde Erfahrung glichen wir mit Leidenschaft und Enthusiasmus aus – Russell im Umgang mit den Gästen und ich in der Küche.

Kurz nach der Eröffnung rief mich mein Vater an und erklärte, er würde mit ein paar Freunden zum Essen kommen, darunter auch sein alter Schweizer Bekannter Max Fehr. Max war ein sehr renommierter Koch und hatte viele Jahre lang sehr erfolgreich namhafte Restaurants geleitet. Seine illustre Karriere als Koch hatte ihn in einige der bekanntesten Häuser weltweit geführt, und zudem war er damals immer noch als internationaler Kochjuror tätig. Ich hingegen war mit meinen gerade erst 25 Jahren noch recht unerfahren, und so machte mich die Vorstellung, für ihn zu kochen, sehr nervös.

Je näher der Besuch meines Vaters rückte, desto verzweifelter versuchte ich mir auszumalen, was Max wohl bestellen würde. Etwa das Kalbfleisch? Schließlich war er Schweizer und die Schweizer liebten Kalbsgeschnetzeltes. Oder das Rindersteak? Oder den Kabeljau? Die Sardinen? Die Schweinekoteletts? Ich war mir sicher, dass er kein Pastagericht bestellen würde, da er Nudeln mit Sicherheit als zu einfach und zu langweilig ansehen würde.

Als die Gäste schließlich eintrafen und ich in der Küche die Bestellung erhielt, war ich geradezu geschockt, denn Max wünschte sich tatsächlich Fettucine mit einer neapolitanischen Tomatensauce, Basilikum, Chili und Knoblauch. Er hätte kein schlichteres Gericht bestellen können, und ich empfand das fast als Beleidigung.

Max aß die Nudeln und ließ mir ein wunderbares Kompliment ausrichten. Er erklärte, das Gericht habe genau so geschmeckt, wie gute Pasta in Italien schmecken müsse, und ich könne sehr stolz darauf sein, eine solch wundervolle Tradition fortzusetzen. Es interessierte ihn sehr, wie ich die Sauce gemacht hatte und wie viel Olivenöl ich benutzt hatte, ob ich Zwiebeln an die Sauce getan hatte und in welchem Verhältnis die Zutaten zueinander standen. Ich sonnte mich in Max' Komplimenten, dachte jedoch bei mir, dass Speisen in einem Restaurant anders aussehen und schmecken sollten.

Am Ende des Abends, nachdem die meisten Gäste das Restaurant verlassen hatten, beschloss ich, das gleiche Gericht noch einmal für mich selbst zu kochen. Und schon nach der ersten Gabel erinnerte ich mich an die vielen Male, die ich dieses Gericht und andere einfache Pastagerichte schon gegessen hatte, und an das Glücksgefühl, das einen dabei überkommt, wenn diese einfachen Rezepte mit Liebe, Sorgfalt, Leidenschaft und manchmal sogar mit Besessenheit gekocht werden. So wurde dieser Abend für mich zu einer Lehrstunde über die Einzigartigkeit einfacher Küche, denn richtig zubereitet, mit den richtigen Aromen und der idealen Konsistenz werden eine Sauce aus sonnengereiften Tomaten und exakt *al dente* gekochte Pasta – mit anderen Worten ein so simples Gericht wie *Pasta Napoletana* – zu einer wahrhaft genussreichen Erfahrung.

Jener Abend also war der Grundstein zu meiner persönlichen Kochphilosophie, die mich meine gesamte weitere Karriere über begleiten sollte, denn ich verstand plötzlich, dass die Quintessenz italienischer Küche ihre Einfachheit, ihre Qualität und vor allem ihre Aromen sind.

Seit jenem Abend habe ich dieses einfache Gericht in verschiedenen Variationen für Hunderte von Leuten gekocht: für Präsidenten, Premierminister, führende

Wirtschaftsexperten, Formel-1-Rennfahrer, berühmte Musiker, Schauspieler, Künstler, Sportler und für viele andere berühmte Personen. Arrigo Cipriani, der über 50 Jahre das berühmte Restaurant Harry's Bar in Venedig leitete, hat einmal gesagt: »*Spaghetti al pomodoro* ist das Grundrezept, das jeder italienische Koch meisterhaft beherrschen sollte. Nach diesem Gericht kann man jedes Restaurant beurteilen.« Ich kann ihm darin nur zustimmen.

In der Tat können einfache, gut zubereitete Gerichte wirklich verblüffen. So ist es mit Sicherheit kein Zufall, dass ausgerechnet Spaghetti Bolognese – eine Variante der *Spaghetti con ragù* – die gesamte westliche Kochlandschaft geprägt hat. Auch wenn dieses Gericht häufig deutlich von dem abweicht, was man in Bologna als *Pasta Bolognese* serviert bekommt, ist es doch immerhin das beliebteste Nudelgericht in Australien. In England behaupten sogar sechs von acht Erwachsenen, sie könnten eine Bolognesesauce ohne Rezept zubereiten!

Allerdings sollte man sich nicht täuschen lassen, denn »einfach« bedeutet in Italien noch lange nicht »primitiv«. Manchmal kann es »schnell« bedeuten, aber »einfach« ist es immer nur für den, der weiß, wie etwas gemacht wird. Vor allem aber bedeutet es fast immer »regional«. Allein in der Region um Bologna existieren Hunderte verbriefter Versionen der *Bolognese ragù*. In meiner Familie war es früher üblich, vor dem Servieren mindestens drei Leute testen zu lassen, ob die Pasta auch wirklich *al dente* gekocht war. Außerdem könnte ich vermutlich ein ganzes Buch über die Bedeutung des Reifegrads und die Sortenvielfalt der Tomate für eine gute Tomatensauce schreiben. Für die italienische Küche gilt genau wie für andere landestypische Speisen, dass »einfach« nicht gleich »einfach bedeutet«, wenn man es gut machen will, und Pasta ist dafür ein wunderbares Beispiel, denn hier machen Übung und die Verwendung der richtigen Techniken wirklich erst den Meister.

Angeblich werden schon seit über 700 Jahren Nudeln hergestellt und gegessen. Es müssen wohl entweder die alten Griechen oder gar die Etrusker gewesen sein, die die Herstellung der Nudeln erfunden haben, bevor dieses »gut zu transportierende« Grundnahrungsmittel auch bei den Arabern Anklang fand. Auch wenn die Italiener die Nudel wohl nicht erfunden haben, so haben sie die Zubereitung der Pasta im Laufe der Jahrhunderte zu einer wahren Kunst erhoben. Und zwar quasi aus dem Nichts! Noch heute höre ich meine Mutter sagen, dass die Kunst der italienischen Küche darin bestehe, köstliche Gerichte aus sehr wenigen Zutaten zu zaubern. Mein ganzes Leben wurde ich dessen Zeuge, zunächst bei meinem Vater und später bei meinen Tanten und Onkeln, die wie Generationen anderer italienischer Einwanderer ihre geliebte Heimat verließen, damit es ihnen und ihren Kindern einmal besser ginge. Und obwohl sie ein Leben in Armut zurückließen, nahmen sie den ganz speziellen Zauber köstlicher Aromen mit in die Fremde.

Mit ihrem Ausspruch traf meine Mutter also den Kern des Geheimnisses der italienischen Küche, die, aus Not und Armut heraus entstanden, unabhängig von der Region durch eine Besessenheit für Aromen im ganzen Land die köstlichsten Pastagerichte hervorbrachte. Nichts ist ökonomischer als Pasta, um die nährstoffreichen Zutaten, die in den verschiedenen Mikroklimazonen dieses wunderbaren Landes und auf den dazugehörigen Inseln gedeihen, zu vereinen. Mit anderen Worten, es gibt nichts, was so typisch italienisch ist wie Pasta.

Die Fähigkeit, mit wenigen Zutaten köstliche Gerichte zu kreieren, ist typisch für ganz Italien, egal ob es sich um Gerichte auf Tomaten-Olivenöl-Basis im Süden, um die wundervollen Eiernudelgerichte in Nord- und Mittelitalien oder um die vom Ausland inspirierten Speisen in grenznahen Regionen, wie Couscous auf Sizilien oder Knödel in Südtirol handelt.

Italien ist ein von großer Vielfalt und vielen Kontrasten geprägtes Land, und so habe ich versucht, in diesem Buch ein ganzes Kaleidoskop verschiedener Pastagerichte zu vereinen. Die Rezepte wurden mit dem Wissen um ihren historischen Kontext, den Respekt alter Traditionen und dem Einfluss der modernen Küche zusammengetragen. Manche sind zu 100 Prozent Nino-Zoccali-Rezepte, die ich als Koch über die Jahre und in verschiedenen Restaurants entwickelt habe. Sie entstanden durch Gespräche und das Kochen mit meiner Familie oder wurden von mir auf meinen vielen Reisen quer durch Italien entdeckt.

Ich wünsche Ihnen jedenfalls viel Spaß beim Nachkochen!

Nino Zoccali

Pasta Asciutta

Getrocknete Pasta

Il regno del sud

Die Tradition des Südens

Seit jeher isst man im Süden Italiens häufiger getrocknete Pasta als in der Mitte oder im Norden des Landes und spricht dort daher auch von *pasta asciutta* (getrocknete Nudeln). Früher habe ich gedacht, der Pastagraben zwischen Nord- und Süditalien sei dadurch entstanden, dass im südlichen Teil des Landes eine viel größere Armut herrsche. Da frische Pasta meist mit Eiern, getrocknete Pasta lediglich mit Wasser zubereitet wird, war ich der Ansicht, dass es hauptsächlich an den Kosten läge und frische Pasta besser sei – doch weit gefehlt.

Denn in Wirklichkeit ist es einzig eine Frage des Mehltyps und vor allem der Qualität des Mehls. Eier werden in einigen Regionen Italiens nur aus schierer Notwendigkeit für den Nudelteig benutzt, denn z.B. in Gegenden wie Troducedas wird für den Nudelteig ausschließlich normales Mehl verwendet und kein Grießmehl, das aus Hartweizen gewonnen wird. Gerade für getrocknete Nudeln ist normales Mehl jedoch ungeeignet, sofern es nur mit Wasser angerührt wird, da die Pasta dann ärmer an Proteinen ist. Eier erhöhen den Proteingehalt des Teiges und sorgen so dafür, dass die Nudeln aus normalem Mehl nicht brüchig werden und zerfallen. Wer je versucht hat, Pastateig aus normalem Mehl zu machen, und dafür Wasser statt Eier benutzt hat, weiß, dass einem die getrockneten Nudeln dann wortwörtlich in den Händen zerfallen.

Historisch gesehen hat daher der Überfluss an qualitativ hochwertigem Hartweizen im Zusammenspiel mit idealen klimatischen Bedingungen – z.B. dem mariti-men Klima in Küstenregionen wie Neapel und auf Sizilien – die Entwicklung der getrockneten Pasta in Süditalien gefördert. Durch die Tatsache, dass getrocknete Nudeln sehr preiswert und vielfältig einsetzbar waren, wurden sie schnell zum Hauptnahrungsmittel in der süditalienischen Küche.

Auch wenn Norditalien inzwischen zur größten Produktionsstätte getrockneter Pasta avanciert ist (in Parma befindet sich die Zentrale des weltweit größten Nudelherstellers), wird sie nach wie vor hauptsächlich mit der Küche Süditaliens in Zusammenhang gebracht. Das wurde zusätzlich durch eine Verschiebung der Industrie nach dem zweiten Weltkrieg vom Süden in den Norden und durch moderne Kommunikationstechniken und Medien begünstigt.

Heutzutage stehen beispielsweise *Linguine alle vongole* in Mailand genauso auf der Speisekarte wie in Neapel. Und würde man *das* italienische Nationalgericht benennen wollen, so lägen sicherlich *Spaghetti al pomodoro* (Spaghetti mit Tomatensauce) an erster Stelle. Denn genau wie bei der überall präsenten *Ragù di carne* (Hackfleischsauce) gibt es in jeder Region Italiens davon eine eigene Version – kein anderes Gericht wird in Italien so oft gekocht. Und das in einem Land mit einer derart ausgeprägten regionalen Küche. Traditionen währen lange in Italien, und wenn sie so prägnant, aromatisch und qualitativ hochwertig sind, dann wandern sie sogar mit aus! Aus gutem Grund sind die Rezepte in diesem Kapitel also sehr von der süditalienischen Küche geprägt.

Spaghettini della mamma con pollo e rosmarino
Mammas Spaghetti mit Hähnchen und Rosmarin

Für 6 Personen

Ein absoluter Klassiker der Zoccali-Familie. Besonders beliebt ist dieses Rezept bei meinen Neffen Nathan und Anton und meiner Nichte Stella. Allerdings liefert dieses Gericht innerhalb der Familie auch immer wieder Grund zu heftigen Diskussionen darüber, welche Spaghettigröße am besten zu dieser Sauce passt. Ich halte dies für eine sehr persönliche Vorliebe, bevorzuge aber selbst die sehr dünnen Spaghettini. Meine Mutter schmorte die Hähnchenschenkel stets in der Sauce, servierte dann die Nudeln als Vorspeise und das Fleisch als Hauptgericht. Die Sauce wurde unter die Nudeln gerührt und das Gericht üppig mit frisch geriebenem Parmesan oder Pecorino bestreut. Laut Rezept wird das Hähnchenfleisch von den Knochen gelöst und dann in der Sauce zu den Nudeln serviert. Dies empfiehlt sich auf jeden Fall, wenn es mal schnell gehen soll. Wenn jedoch genügend Zeit ist, beispielsweise bei einem Sonntagsmenü, dann sollte das Fleisch lieber mit einem leckeren Salat als Hauptgang serviert werden. Die aromatische Sauce allein ergibt mit den Nudeln ebenfalls eine köstliche Mahlzeit. In Kalabrien mischt man als extra Kick für dieses Gericht noch frische, klein gehackte Chilischoten unter.

75 ml extra natives Olivenöl
1 mittelgroße Zwiebel, klein gehackt
1 Knoblauchzehe, fein gehackt
400 g entbeinte Bio-Hähnchenschlegel
feines Meersalz nach Geschmack
frisch gemahlener schwarzer Pfeffer
nach Geschmack
400 ml passierte Tomaten
1 Zweig Rosmarin
1 Lorbeerblatt
Hühnerfond (Rezept Seite 185) oder
Wasser, um eventuelles Anbrennen
zu verhindern
600 g hochwertige Spaghettini
frisch geriebener Parmigiano
Reggiano zum Servieren

Für die Sauce die Hälfte des Olivenöls in einer Kasserolle auf mittlerer Stufe erhitzen. Die Zwiebeln und den Knoblauch darin glasig dünsten. Das restliche Olivenöl in einer weiteren Kasserolle ebenfalls auf mittlerer Stufe erhitzen und das Hähnchenfleisch hineingeben. Das Fleisch mit Salz und Pfeffer würzen und von allen Seiten goldbraun anbraten. Danach das Fleisch mit dem Öl zu den Zwiebeln und dem Knoblauch geben und die passierten Tomaten, den Rosmarinzweig und das Lorbeerblatt zugeben. Die Temperatur etwas erhöhen und alles etwa eine Stunde lang sanft köcheln lassen, bis das Fleisch langsam zerfällt. Eventuell etwas Hühnerbrühe oder Wasser zugeben, damit nichts anbrennt. Den Topf vom Herd nehmen und abkühlen lassen. Das Hühnerfleisch herausnehmen, in mundgerechte Stücke zerteilen und zurück in die Sauce geben. Diese Sauce lässt sich hervorragend ein bis zwei Tage im Voraus zubereiten.

Die Nudeln in reichlich sprudelnd kochendem Salzwasser *al dente* kochen und parallel die Sauce erneut erhitzen. Die fertig gegarten Nudeln durch ein Sieb abschütten und zurück in den Topf geben. Die Sauce darübergeben und gut vermengen. Mit feinem Meersalz und frisch gemahlenem schwarzen Pfeffer abschmecken und mit reichlich frisch geriebenem Parmesan bestreut servieren.

Penne con 'nduja stagionato e pomodoro

Penne in einer Sauce von kalabrischer Nduja-Wurst und Tomaten

Für 6 Personen

2 ½ EL extra natives Olivenöl
1 kleine Zwiebel, fein gewürfelt
1 Knoblauchzehe, fein gehackt
1 Zweig Thymian, Blättchen
  abgezupft
200 g Nduja-Wurst, wie Hackfleisch
  zerkleinert (siehe Anmerkung)
2 ½ EL trockener Weißwein
500 ml passierte Tomaten
feines Meersalz nach Geschmack
600 g Penne
frisch geriebener Pecorino-Käse
  zum Servieren

Das Öl in einer Kasserolle sanft erhitzen. Die Zwiebelwürfel, den Knoblauch und die Thymianblättchen hineingeben und weich und glasig dünsten. Die Wurst zugeben und mit einem Löffelrücken weiter zerdrücken. Etwa 5 Minuten schmoren und anschließend mit dem Weißwein ablöschen. Die Zutaten so lange weitergaren, bis der Wein fast vollständig verdunstet ist. Danach die passierten Tomaten zugeben. Die Sauce mit Meersalz abschmecken, ein bis zwei Stunden auf kleiner Flamme sanft einkochen lassen und anschließend den Topf vom Herd nehmen. Die Nudeln in reichlich sprudelnd kochendem Salzwasser *al dente* kochen, durch ein Sieb abgießen und mit der Sauce mischen. Eventuell noch etwas nachsalzen und umgehend mit reichlich frisch geriebenem Pecorino bestreut servieren.

Anmerkung: Nduja ist eine sehr würzige, streichfähige italienische Salamiwurst aus Kalabrien, die längst weltweit beliebt ist. Die Zutaten und die Produktionsweise sind regional sehr unterschiedlich, doch immer gehört reichlich getrockneter Chili dazu, um den pikanten und würzigen Chiligeschmack zu erzeugen. Getrocknete Nduja eignet sich am besten für dieses Rezept, aber letztendlich passt jede Nduja-Wurst dazu.

Linguine allo zafferano con calamarettini e radicchio

Safranlinguine mit Babycalamari und Radicchio

Für 6 Personen

600 g Babykalmare mit Tentakeln,
    gesäubert (Augen, Mund und
    Tintenbeutel entfernen)
600 g Safranlinguine
100 g Radicchio-Blätter (etwa 5 große
    Blätter), in 1 cm große Stücke
    geschnitten (siehe Anmerkung)
2 ½ EL extra natives Olivenöl
feines Meersalz nach Geschmack
frisch gemahlener schwarzer Pfeffer
    nach Geschmack
3 kleine Knoblauchzehen, fein gehackt
2 ½ EL trockener Weißwein

Die kleinen Kalmare gründlich trocken tupfen. Die Nudeln in reichlich sprudelnd kochendem Salzwasser *al dente* kochen und eine Minute vor dem Abgießen den Radicchio mit ins kochende Wasser geben. Etwa 3 Minuten, bevor die Nudeln gar sind, die Hälfte des Olivenöls in einem hohen Stieltopf so stark erhitzen, bis es raucht. Rasch die Kalmare hineingeben und mit Meersalz und frisch gemahlenem Pfeffer würzen. Die kleinen Tintenfische wenden, den Knoblauch zugeben und weitere 30 Sekunden braten. Danach mit Weißwein ablöschen und etwa eine Minute weitergaren, bis der Wein mehr oder weniger verdampft ist. Die Tintenfische so kurz wie möglich bei möglichst hoher Temperatur schmoren, da sie sonst schnell zäh und gummiartig werden. Die Nudeln und den Radicchio durch ein Sieb abgießen und zu den Kalmaren geben. Das restliche Olivenöl darübergießen, alles gut vermischen und umgehend servieren.

Anmerkung: Passen Sie die Menge des Radicchios Ihrem persönlichen Geschmack an, da das Gemüse recht bitter schmeckt.

Strozzapreti con gamberi

Strozzapreti mit Riesengarnelen, klein gehackten Kalmaren, Tomaten, Taggiasca-Oliven und Chili

Für 6 Personen

Als wir vor über 10 Jahren kurz vor den Olympischen Spielen im Hafen von Sydney das Ristorante Otto eröffnet haben, stand dieses Gericht bei mir zum ersten Mal auf der Speisekarte. Soweit ich weiß, ist es das einzige Gericht aus dieser Zeit, das bis heute auf der Speisekarte steht – der beste Beweis für seine unvergleichlichen Aromen.

100 ml extra natives Olivenöl
1 kleine Stange Lauch, gewürfelt
100 g rohe Kalmare, gesäubert
*   und klein gehackt*
150 ml trockener Weißwein,
*   z.B. Pinot Grigio oder Vermentino*
400 ml passierte Tomaten
Garum (fermentierte Fischsauce)
*   nach Geschmack*
frisch gemahlener schwarzer Pfeffer
*   nach Geschmack*
600 g getrocknete Strozzapreti
18 Riesengarnelen, geschält und die
*   Darmstränge entfernt*
1 TL frische rote Chilischote, in feine
*   Ringe geschnitten*
1 Knoblauchzehe, fein gehackt
18 ligurische Taggiasca-Oliven,
*   entsteint*
1 EL glatte Petersilie, fein gehackt

Die Hälfte des Olivenöls in einer Kasserolle sanft erhitzen. Den Lauch und die klein gehackten Kalmare hineingeben und so lange dünsten, bis der Lauch und die Kalmare Farbe annehmen. Dies sollte möglichst langsam und bei niedriger Temperatur geschehen, damit sich die Aromen richtig entfalten können. Mit 100 ml Weißwein ablöschen und so lange weitergaren, bis der Wein weitgehend verdampft ist. Die passierten Tomaten zugeben und ganz langsam aufkochen lassen. Mit Garum und schwarzem Pfeffer abschmecken. Die Temperatur senken und zugedeckt mindestens eine Stunde sanft köcheln lassen, dabei ab und zu umrühren, damit die Sauce nicht anbrennt. Die fertige Sauce beiseitestellen.

Die Nudeln in reichlich sprudelnd kochendem Salzwasser *al dente* kochen, abgießen und zurück in den Topf geben.

Das restliche Olivenöl in einer großen Kasserolle so stark erhitzen, bis es raucht. Die Garnelen, den Chili und den Knoblauch kurz anbraten. Die Garnelen wenden, den restlichen Weißwein zugeben und weitergaren, bis der Wein verdampft ist. Die gebratenen Garnelen, den Chili, den Knoblauch und die Oliven unter die Tomatensauce mischen und die fertige Sauce über die Nudeln gießen. Nach Geschmack noch etwas Garum zufügen und mit fein gehackter Petersilie bestreut sofort servieren.

Bavette nere con vongole e zucchine

Mit Sepiatinte eingefärbte Bavette mit Venusmuscheln und Zucchini

Für 6 Personen

500 g Venusmuscheln (Vongole)
100 ml extra natives Olivenöl, etwas
mehr zum Servieren
135 g Zucchini, in 1 cm große Würfel
geschnitten
feines Meersalz nach Geschmack
frisch gemahlener schwarzer Pfeffer
nach Geschmack
600 g mit Sepiatinte eingefärbte
Bavette-Nudeln
1 kleine Knoblauchzehe, fein gehackt
100 ml trockener Weißwein
2 EL glatte Petersilie, fein gehackt

Sollten die Muscheln noch nicht gesäubert worden sein, legt man sie am besten an einem kühlen Ort (im Kühlschrank werden sie zu kalt, schließen sich und können den Sand nicht »ausspucken«) mehrere Stunden oder über Nacht in kaltem Wasser und Meersalz ein. Pro Liter Wasser benötigt man 30 g Salz. Anschließend die Muscheln abspülen, abtropfen lassen und beiseitestellen.

Die Hälfte des Öls in einer Pfanne auf mittlerer Stufe erhitzen und die Zucchini hineingeben, kurz bevor das Öl zu rauchen beginnt. Die Zucchini unter ständigem Rühren anbraten, bis sie etwas Farbe bekommen, aber nicht anbrennen. Mit Salz und Pfeffer würzen und beiseitestellen. Die Nudeln in reichlich sprudelnd kochendem Salzwasser *al dente* kochen und durch ein Sieb abgießen.

2–3 Minuten, bevor die Nudeln gar sind, das restliche Öl in einer großen Kasserolle so stark erhitzen, bis es raucht. Die Muscheln vorsichtig hineingeben, aber darauf achten, dass sie wirklich gründlich abgetropft wurden, da sonst das heiße Öl unangenehm spritzt. Den Knoblauch ebenfalls zugeben und nach 30 Sekunden mit dem Weißwein ablöschen. So lange garen, bis sich alle Muscheln geöffnet haben und der Alkohol verdunstet ist, damit die Sauce nicht bitter schmeckt. Den Topf für eine Minute beiseitestellen. Die Nudeln abtropfen lassen und mit den Zucchini zu den Muscheln geben und vorsichtig unterheben. Noch etwas Meersalz, schwarzen Pfeffer, nach Geschmack auch etwas Olivenöl (ich gebe immer reichlich Olivenöl dazu) und die klein gehackte Petersilie untermischen und sofort servieren.

Spaghetti al peperoncino con aglio, olio e prezzemolo

Chilispaghetti mit Knoblauch, Olivenöl und Petersilie

Für 6 Personen

Ein weiteres einfaches, klassisches und sehr schnell zubereitetes Gericht, das ich immer noch liebe. Wir servieren es im Caffè Pendolino, in dem wir auch die getrockneten Chilispaghetti selbst herstellen. Traditionell werden für dieses Rezept normale getrocknete Nudeln und getrocknete oder frische Chilischoten verwendet, und beide Versionen schmecken einfach gut. Das folgende Rezept ist eine gute Anleitung, aber letztendlich sollte sich die Menge der Zutaten nach dem persönlichen Geschmack richten.

600 g getrocknete Chilispaghetti
150 ml extra natives Olivenöl
  (siehe Anmerkung)
1 kleine Knoblauchzehe, in hauch-
  dünne Scheiben geschnitten
1 mittelscharfe lange, rote Chilischote,
  in feine Ringe geschnitten
  (optional)
2 EL glatte Petersilie, fein gehackt
feines Meersalz nach Geschmack
frisch gemahlener schwarzer Pfeffer
  nach Geschmack
frisch geriebener Pecorino-Käse
  zum Servieren

Die Spaghetti in reichlich sprudelnd kochendem Salzwasser *al dente* kochen und anschließend abgießen. Während die Nudeln abtropfen, die Hälfte des Olivenöls in einer großen Kasserolle auf mittlerer Stufe erhitzen. Kurz bevor das Öl raucht, die Knoblauchscheiben und die Chiliringe hineingeben und mit einem Holzlöffel einige Male umrühren. Danach den Topf vom Herd nehmen, damit Knoblauch und Chili nicht anbrennen. Die Nudeln und die Petersilie mit in den Topf geben und mit dem Knoblauch, den Chiliringen und dem Öl vermischen. Mit Salz und schwarzem Pfeffer abschmecken. Mit reichlich frisch geriebenem Pecorino bestreuen und dem restlichen Olivenöl beträufeln, sofort servieren.

Anmerkung: Wer will, kann etwas von dem Nudelkochwasser unter die Sauce rühren und dafür die angegebene Olivenölmenge reduzieren.

Rigatoni con la pancia di tonno, carciofini e olive verdi di Sicilia

Rigatoni mit Thunfisch, Babyartischocken, Tomaten, Oliven und Chili

Für 6 Personen

2 ½ EL extra natives Olivenöl
2 Knoblauchzehen, fein gehackt
4 Anchovisfilets, klein gehackt
4 mittelgroße Eiertomaten, gewürfelt
24 grüne sizilianische Oliven,
    entsteint und halbiert
feines Meersalz nach Geschmack
frisch gemahlener schwarzer Pfeffer
    nach Geschmack
600 g Rigatoni
24 Babyartischocken, geputzt und
    gegart (siehe Anmerkung)
400 g Thunfischfilet vom Bauch, in
    2 cm große Würfel geschnitten
1 mittelscharfe lange, rote Chili-
    schote, in feine Ringe geschnitten
    (optional)

Für die Sauce in einer großen Kasserolle die Hälfte des Olivenöls auf mittlerer Stufe erhitzen. Den Knoblauch und die Anchovis hineingeben und einige Sekunden andünsten. Anschließend die Tomaten und die Oliven zugeben, mit etwas Salz und Pfeffer würzen und 10 Minuten schmoren. Danach den Topf vom Herd nehmen. Die Nudeln in reichlich sprudelnd kochendem Salzwasser al dente kochen. 2–3 Minuten bevor die Nudeln fertig sind, die Sauce erneut erhitzen und die vorgegarten Artischocken und die Thunfischwürfel zugeben. Achten Sie darauf, dass die Thunfischwürfel nicht zu lange garen; idealerweise sollten sie am Ende der Garzeit innen noch etwas rosa sein. Die Nudeln abgießen und mit dem restlichen Oliven und – je nach Geschmack – den Chiliringen unter die Sauce mischen. Nach Bedarf noch mit etwas Salz und frisch gemahlenem Pfeffer abschmecken und sofort servieren.

Anmerkung: Die Artischocken putzen und dafür die Stiele auf eine Länge von 6 cm kürzen. Die ganzen Artischocken in kochendem Salzwasser und etwas frisch gepresstem Zitronensaft so lange garen, bis sie sich mit einem Holzspieß leicht einstechen lassen. Die Artischocken in einem Sieb abtropfen lassen und anschließend zum Abkühlen beiseitestellen. Zum Schluss die harten äußeren Blätter entfernen, die Blattspitzen abschneiden und den Stiel schälen.

Fettuccine di barbabietole con olive nere

Rote-Bete-Fettuccine mit schwarzen Oliven und frischem Ziegenkäse

Für 6 Personen

6 Perlzwiebeln in der Schale
20 Mini-Rote-Bete
250 ml trockener Weißwein
250 ml Weißweinessig
1 TL feines Meersalz
1 TL Zucker
3 EL extra natives Olivenöl
14 getrocknete schwarze Oliven,
*   entsteint und halbiert*
600 g Rote-Bete-Fettuccine
*   (siehe Anmerkung)*
2 EL glatte Petersilie, grob gehackt
feines Meersalz nach Geschmack
frisch gemahlener schwarzer Pfeffer
*   nach Geschmack*
frischer Mailänder oder Piemonteser
*   Ziegenkäse nach Geschmack*

Für die Sauce sollten die Zwiebeln und die Roten Beten separat gegart werden. Die Perlzwiebeln in Salzwasser kochen, bis sie durchgegart sind. Zur Probe ab und zu einen Holzspieß hineinstechen, denn sie sollten weich werden, aber nicht zerfallen. Die fertig gegarten Perlzwiebeln abtropfen und abkühlen lassen, schälen und vierteln. Den Stiel der Roten Beten auf 2 cm kürzen, die Roten Beten abbürsten und mit 2 l Wasser, dem Weißwein, dem Essig, dem Salz und dem Zucker in eine Kasserolle geben. Etwa 45–60 Minuten köcheln lassen, bis die Roten Beten durchgegart sind. Anschließend die Roten Beten abkühlen lassen, schälen und je nach Größe entweder halbieren oder vierteln, um mundgerechte Stücke zu erhalten. Anschließend die Roten Beten in ihrem Kochsud beiseitestellen.

Kurz vor dem Zubereiten der Nudeln in einer Pfanne die Hälfte des Olivenöls auf mittlerer Stufe erhitzen. Die Roten Beten, die geviertelten Perlzwiebeln und die schwarzen Oliven hineingeben und ein paar Minuten schmoren, bis alles karamellisiert ist und die Zwiebeln schön braun sind. Etwa 100 ml des Kochsuds der Roten Beten zum Ablöschen verwenden.

Die Pasta in reichlich sprudelnd kochendem Salzwasser *al dente* kochen, abgießen, zurück in den noch warmen Topf geben, die Sauce, die klein gehackte Petersilie und das restliche Olivenöl zugeben und alles miteinander vermischen. Nach Geschmack mit Meersalz und frisch gemahlenem schwarzem Pfeffer würzen. Vor dem Servieren frischen Mailänder Ziegenkäse darüberkrümeln.

Anmerkung: Die getrockneten Rote-Bete-Fettuccine lassen sich auch durch normale Fettuccine ersetzen.

Loane con fave secche e fave fresche

Tagliatelle aus Apulien mit frischen und getrockneten Dicken Bohnen, gesalzenem Ricotta, Petersilie, Minze und Basilikum

Für 6 Personen

Ein ungewöhnliches ländliches Pastagericht aus Apulien, das vielleicht nicht jeder kennt. Es ist schlicht, aber ich liebe es. Beim Zubereiten sollten Sie daran denken, dass das Püree aus getrockneten Saubohnen schnell eindickt und trocken wird, sobald alle Zutaten vermengt wurden, deshalb ist es wichtig, das fertige Gericht möglichst schnell zu servieren. Natürlich sollte sich die Menge des gereiften, salzigen Ricottas, des Chilis und des Olivenöls nach dem eigenen Geschmack richten.

20 große, frische Dicke Bohnen
300 g große, getrocknete Dicke Bohnen, über Nacht eingeweicht und abgetropft
750 ml Gemüsefond (Rezept Seite 187) oder Hühnerfond (Rezept Seite 185)
feines Meersalz nach Geschmack
500 g getrocknete Loane oder Tagliatelle
200 ml extra natives Olivenöl
2 Knoblauchzehen, 1 Zehe in hauchdünne Scheiben geschnitten und 1 Zehe fein gehackt
getrocknete Chiliflocken nach Geschmack
3 Stengel glatte Petersilie, fein gehackt
6 Blättchen Minze, fein gehackt
6 Blättchen Basilikum, fein gehackt
100 g frisch geriebener Parmigiano Reggiano
frisch gemahlener schwarzer Pfeffer nach Geschmack
150 g geriebener Ricotta salata (gesalzener und gereifter Ricottakäse) zum Servieren

Die Kerne der frischen Dicken Bohnen aus den Hülsen lösen, die Bohnenkerne kurz in kochendem Salzwasser blanchieren und sofort in Eiswasser abschrecken. Die Häutchen von den Bohnenkernen abziehen und die Bohnen zunächst beiseitestellen.

Die Häutchen von den getrockneten, eingeweichten Bohnenkernen abziehen, die Bohnenkerne in einem mittelgroßen Kochtopf mit dem Gemüsesud bedecken, mit Salz würzen und eine Stunde lang sanft garen, bis sie beinahe zerfallen. Falls nötig, während des Garens noch etwas Wasser zugeben. Anschließend die Bohnen mit der restlichen Kochflüssigkeit pürieren. Die Nudeln in reichlich sprudelnd kochendem Salzwasser *al dente* kochen und eine Minute vor dem Abgießen die frischen Bohnen mit ins Kochwasser geben. Die Bohnen und die Nudeln abgießen, abtropfen lassen und zurück in den Topf geben. Das Bohnenpüree unterheben.

In einem separaten Topf das Olivenöl erhitzen, die Knoblauchscheiben darin ein paar Sekunden dünsten, eine Minute ruhen lassen und dann zu den Nudeln geben. Die Chiliflocken, die Kräuter, den klein gehackten Knoblauch und das restliche Olivenöl ebenfalls zugeben und unterrühren. Danach den frisch geriebenen Parmesan untermischen und das Gericht mit Meersalz und frisch gemahlenem Pfeffer abschmecken. Mit geriebenem Ricotta salata bestreut sofort servieren.

Maccheroni alla norma

Makkaroni in einer Sauce von Tomaten und Auberginen

Für 6 Personen

Norma ist eine berühmte Oper, die der sizilianische Komponist Vincenzo Bellini geschrieben hat. Angeblich war der italienische Dichter Nino Martoglio so begeistert von diesem Nudelgericht, dass er es mit der großen Oper verglich und ihm den Namen *Pasta alla norma* schenkte.

1 mittelgroße Aubergine
feines Meersalz nach Geschmack
2 EL extra natives Olivenöl,
*   etwas mehr zum Frittieren*
*   der Aubergine*
1 kleine Zwiebel, in kleine Würfel
*   geschnitten*
1 Knoblauchzehe, fein gehackt
500 g Tomaten, geschält, entkernt
*   und klein gehackt*
12 Blättchen Basilikum
600 g hochwertige lange Makkaroni
100 g Ricotta salata (gesalzener
*   und gereifter Ricottakäse)*
frisch geriebener Parmigiano
*   Reggiano oder Pecorino-Käse*
*   zum Servieren*

Die Aubergine schälen und in 2 cm große Würfel schneiden. Die Würfel in eine Schüssel geben, mit Meersalz bestreuen und gut vermischen. Die Würfel in ein Sieb geben und eine Stunde entwässern lassen, um die Bitterstoffe auszulösen. Anschließend die Auberginenwürfel mit einem sauberen Geschirrtuch trocken tupfen.

In einer Kasserolle das Öl auf mittlerer Stufe langsam erhitzen und die Zwiebeln und den Knoblauch darin glasig dünsten. Die klein gehackten Tomaten zugeben und 15 Minuten köcheln lassen. Anschließend die Hälfte der Basilikumblätter untermischen und den Topf vom Herd nehmen.

Eine tiefe Bratpfanne etwa 1 cm hoch mit Olivenöl füllen und dieses auf mittlerer Stufe erhitzen. Die Auberginenwürfel darin so lange frittieren, bis sie durchgegart sind, dabei aber häufig wenden und aufpassen, dass sie nicht anbrennen. Die Auberginenwürfel bis zur späteren Verwendung beiseitestellen.

Die Nudeln in reichlich sprudelnd kochendem Salzwasser *al dente* kochen, abgießen und zurück in den Topf geben. Kurz bevor die Nudeln gar sind, die Auberginenwürfel in die Tomatensauce geben und diese erneut erhitzen. Abschmecken (vermutlich ist kein zusätzliches Salz erforderlich, da die Auberginenwürfel recht salzig sind) und die Sauce unter die Nudeln mischen. Den salzigen Ricotta über die Nudeln reiben oder krümeln. Die restlichen Basilikumblätter zerrupfen und ebenfalls untermischen. Mit reichlich frisch geriebenem Parmesan oder Pecorino bestreut servieren.

Bigoli integrali con sardine

Vollkorn-Bigoli mit Sardinen

Für 6 Personen

Ein Standardgericht aus Venetien, das es in vielen Abwandlungen gibt. Dieses besonders einfache Rezept ist meine Lieblingsversion. Es ist außerdem die Leibspeise von Cristian Casarin, dem Sommelier des Pendolino, der in einem kleinen Dorf in der Nähe von Venedig aufwuchs. Traditionell wird dieses Gericht mit selbst in Salz eingelegten Süßwassersardinen aus den Seen rund um Venedig gekocht. Im Pendolino und im La Rosa legen wir ebenfalls die Sardinen selbst ein und sie schmecken super, auch wenn es bei uns nur Salzwassersardinen gibt. Es macht richtig Spaß, Fisch selbst zu pökeln, doch wer den Geruch von Fisch nicht mag, sollte lieber darauf verzichten, denn die Hände riechen noch tagelang danach. In unseren Restaurants ist das Einlegen von Fisch jedenfalls ein sehr begehrter Job. Auch in Italien verwendet man für dieses Gericht häufig Salzwassersardinen, da sie leichter zu bekommen sind. Die Menge der Sardinen und Zwiebeln sollte sich natürlich immer nach dem persönlichen Geschmack richten. Cristian mag von beidem reichlich und einige Köche fügen auch noch Tomaten zu.

300 g ganze in Salz eingelegte
 Sardinen
100 ml extra natives Olivenöl, etwas
 mehr zum Servieren
2 mittelgroße Zwiebeln, fein gehackt
1 Knoblauchzehe, in hauchdünne
 Scheiben geschnitten
100 ml trockener Weißwein,
 z. B. Pinot Grigio
600 g getrocknete Vollkorn-Bigoli
 (siehe Anmerkung)
feines Meersalz nach Geschmack
frisch gemahlener schwarzer Pfeffer
 nach Geschmack

Die Sardinen gründlich abspülen, trocken tupfen und entgräten. In einer großen Kasserolle das Öl auf mittlerer Stufe erhitzen und zunächst die Zwiebeln und etwa 5 Minuten später den Knoblauch hineingeben und beides weich dünsten. Die Sardinen zugeben und garen, bis das Fleisch fast zerfällt. Die Temperatur erhöhen, den Weißwein zugeben und weitergaren, bis der Wein beinah vollständig verdampft ist. Dabei so kräftig rühren, dass das Fleisch der Sardinen zerfällt und eine Sauce entsteht. Die Nudeln in reichlich sprudelnd kochendem Salzwasser *al dente* kochen. Kurz bevor die Nudeln fertig sind, die Sardinensauce erneut erwärmen. Die Nudeln unter die Sauce mischen und nach Geschmack noch etwas Olivenöl zugeben. Mit Meersalz und schwarzem Pfeffer abschmecken und sofort servieren.

Anmerkung: Bigoli sind lange runde Nudeln, die große Ähnlichkeit mit Bucatini haben. Traditionell wurden sie aus Buchweizenmehl gemacht, während man heute meistens Vollkornmehl dafür verwendet.

Bucatini con baccalà e olive secche

Bucatini mit Klippfisch, Tomaten und getrockneten Oliven

Für 6 Personen

2 ½ EL extra natives Olivenöl, etwas
  mehr zum Servieren
1 mittelgroße Zwiebel, klein gehackt
1 Knoblauchzehe, fein gehackt
200 g gehäuteter Baccalà (Klippfisch), mindestens 2 Tage in Wasser
  eingelegt (das Wasser 2 x täglich
  wechseln) und danach in 2 cm
  große Würfel geschnitten
1 TL scharfe Chilischote, fein gehackt
  (optional)
12 getrocknete schwarze Oliven,
  entkernt und halbiert
1 Lorbeerblatt
2 ½ EL trockener Weißwein
300 ml passierte Tomaten
600 g getrocknete Bucatini
feines Meersalz nach Geschmack
frisch gemahlener schwarzer Pfeffer
  nach Geschmack
2 EL glatte Petersilie, fein gehackt

Für die Sauce das Olivenöl in einer Kasserolle auf mittlerer Stufe erhitzen und dann die Zwiebeln und den Knoblauch darin glasig dünsten. Die Temperatur erhöhen, den Klippfisch, nach Geschmack Chili, die Oliven und das Lorbeerblatt zugeben und alles ein paar Minuten schmoren. Mit dem Weißwein ablöschen und weitergaren, bis der Alkohol fast vollständig verdunstet ist. Erst dann die passierten Tomaten zugeben und alles 30 Minuten köcheln, bis das Fischfleisch zerfällt.

Die Bucatini in reichlich sprudelnd kochendem Salzwasser *al dente* kochen und parallel die Sauce erneut erwärmen. Die fertig gegarten Bucatini abgießen, zurück in den Topf geben und die Sauce untermischen. Nach Geschmack mit etwas Meersalz und frisch gemahlenem Pfeffer abschmecken, die Petersilie untermischen, nach Geschmack noch etwas Öl darüberträufeln und sofort servieren.

La gramigna con ragù modenese

Spinatnudeln in einer Hackfleischsauce aus Modena

Für 6 Personen

Zu diesem Rezept hat mich ein Gericht inspiriert, das ich einmal in einem meiner italienischen Lieblingsrestaurants – der Trattoria Ermes in Modena – gegessen habe. Es ist eines der simpelsten und doch denkwürdigsten Nudelgerichte, das ich je gegessen habe. Die Trattoria Ermes ist ein kleines Restaurant mit nur 25 Sitzplätzen in einer der Seitenstraßen von Modena, in dem fantastische traditionelle einheimische Küche serviert wird. Diese Hackfleischsauce ist einfach großartig. Wir servieren dieses Gericht im Caffè Pendolino in Sydney, und es ist so beliebt, dass wir es vermutlich nie von der Speisekarte nehmen können. Im Pendolino stellen wir die getrockneten Gramigna (sehr dünne, kurze Hohlnudeln mit Wildkräutern) selbst her. Vermutlich sind diese Nudeln außerhalb von Italien nur schwer zu bekommen, aber letztlich eignen sich für dieses Rezept auch Spinatfettuccine oder Spinattagliatelle, die man ja generell häufig zu Hackfleischsaucen serviert.

*700 g Hackfleischsauce aus Modena
(Rezept Seite 190)
feines Meersalz nach Geschmack
frisch gemahlener schwarzer Pfeffer
nach Geschmack
600 g getrocknete Gramigna (oder
andere getrocknete Spinatnudeln)
frisch geriebener Parmigiano
Reggiano oder Pecorino-Käse
zum Servieren*

Die Hackfleischsauce in einer kleinen Kasserolle erhitzen und mit Meersalz und schwarzem Pfeffer abschmecken. Die Nudeln einfach in reichlich sprudelnd kochendem Salzwasser *al dente* kochen, abgießen und zurück in den Topf geben. Die Sauce untermischen, erneut abschmecken und mit frisch geriebenem Parmesan oder Pecorino bestreut servieren.

Spaghetti della zia Maria con costate di maiale

Zia Marias Spaghetti mit Schweinerippchen

Für 6 Personen

Meine Tanten, Zia Maria und Zia Lidia, sind die weltbesten Köchinnen, daher habe ich in dieses Buch auch Rezepte von ihnen aufgenommen. Leider konnte ich keine Rezepte von Zia Giovanna übernehmen, da sie vor einigen Jahren gestorben ist. Auch sie war eine fantastische Köchin, und ich vermisse sie und ihre leckeren Gerichte und ihre wundervollen Kuchen immer noch. Dieses ist ein einfaches Gericht von Zia Maria, die vor allem Pasta, aber auch andere Gerichte meisterhaft kocht. Sollte ich je ein Kochbuch über Fleischgerichte schreiben, wird ihr Name wohl häufig darin auftauchen, genau wie ihre unglaublichen Salate, deren Zutaten aus Zio Quintinos Garten stammen.

Für dieses Gericht werden Spareribs verwendet, also die fleischigeren, kürzeren Kotelettrippen aus dem unteren Drittel des Schweinebauchs. In Italien werden diese Rippchen so häufig verwendet, dass sie in manchen Gegenden auch italienische Rippchen genannt werden. Sie eignen sich hervorragend zum Schmoren, da Fleisch auf dem Knochen durch diese Zubereitungsart häufig noch aromatischer wird. Schweinerippen haben relativ viel Bindegewebe, aus dem sich beim langsamen Schmoren eine sämige und besonders intensiv schmeckende Gallerte bildet.

100 ml extra natives Olivenöl
1 kg Kotelettrippchen vom Schwein
feines Meersalz nach Geschmack
frisch gemahlener schwarzer Pfeffer
*   nach Geschmack*
1 kleine Zwiebel, fein gewürfelt
2 Knoblauchzehen, fein gehackt
125 ml trockener Weißwein
750 ml passierte Tomaten
600 g Spaghetti
frisch geriebener Parmigiano
*   Reggiano zum Servieren*

In einem Schmortopf das Olivenöl auf mittlerer Stufe erhitzen und die Schweinerippchen darin goldbraun anbraten. Die Rippchen mit Meersalz und schwarzem Pfeffer würzen und auf einem Teller beiseitestellen. Im gleichen Topf die Zwiebeln und den Knoblauch glasig dünsten, mit dem Weißwein ablöschen und weiter köcheln, bis der Alkohol fast gänzlich verdunstet ist. Die Rippchen zurück in den Topf geben, die passierten Tomaten zufügen und alles zugedeckt fast 2 Stunden köcheln lassen, bzw. bis das Fleisch zart ist. Danach das Fleisch von den Knochen lösen und letztere wegwerfen. Die Nudeln in reichlich sprudelnd kochendem Salzwasser *al dente* kochen, abgießen und unter die Sauce mischen. Mit frisch geriebenem Parmesan bestreut servieren.

Tagliatelle verdi alla bolognese

Grüne Tagliatelle in traditioneller Bolognesesauce

Für 6 Personen

In Bologna wird die Hackfleischsauce fast immer mit frischen Eiernudeln oder aus frischen, mit Spinat und Ei zubereiteten Nudeln serviert. Es gibt jedoch auch getrocknete Eiernudeln, die ebenfalls zu dieser Sauce passen. Sie sind zwar nicht ganz so weich, nehmen die Aromen der Sauce aber auch sehr gut an. Getrocknete Eiernudeln werden immer beliebter, da sie viel Zeit sparen und es auch nicht immer möglich ist, Pasta selbst herzustellen. Natürlich passt diese Sauce auch hervorragend zu frischen Spinat-Eiernudeln.

850 g Bolognesesauce
(Rezept Seite 194)
feines Meersalz nach Geschmack
frisch gemahlener schwarzer
Pfeffer nach Geschmack
600 g getrocknete Spinat-Eier-
Tagliatelle
frisch geriebener Parmigiano
Reggiano zum Servieren

Die Sauce in einer Kasserolle erhitzen und mit Meersalz und schwarzem Pfeffer abschmecken. Die Nudeln in reichlich sprudelnd kochendem Salzwasser *al dente* kochen, abgießen, zurück in den Topf geben und die Sauce untermischen. Erneut abschmecken und mit dem frisch geriebenen Käse servieren.

Spaghetti alla napoletana

Spaghetti mit neapolitanischer Tomatensauce und Basilikum

Für 6 Personen

Wie bereits im Vorwort dieses Buches erwähnt, gehören *Spaghetti alla napoletana* zu den wunderbarsten Pastagerichten überhaupt. Bei einem eigentlich so schlichten Gericht ist die Qualität der Zutaten besonders wichtig. Für die Sauce sollte man auf den Punkt sonnengereifte Strauchtomaten verwenden. Mein Vater hat dafür immer fast das Ende der Tomatensaison abgewartet, wenn das Laub der Tomatenpflanzen bereits welkt, aber die schönsten roten Tomaten noch an den Sträuchern hängen. Auf diese Weise kann man sicher sein, dass der Zuckergehalt der Tomaten wirklich hoch ist. Die für die Sauce passierten Tomaten duften dann noch aromatisch und verleihen dem Gericht einen ganz außergewöhnlichen Geschmack.

600 ml neapolitanische Tomatensauce (Rezept Seite 190)
600 g Spaghetti
feines Meersalz nach Geschmack
extra natives Olivenöl nach Geschmack
Basilikumblättchen (optional)
frisch geriebener Pecorino-Käse oder Parmigiano Reggiano zum Servieren

In einem kleinen Stieltopf die Sauce erhitzen und parallel die Nudeln in reichlich sprudelnd kochendem Salzwasser *al dente* kochen. Die Nudeln abgießen, mit der Sauce vermischen und eventuell noch etwas Salz zugeben. Nach Geschmack mit Olivenöl beträufeln (ich nehme immer reichlich) und Basilikumblättchen untermischen. Die Spaghetti mit reichlich frisch geriebenem Pecorino oder Parmesan servieren.

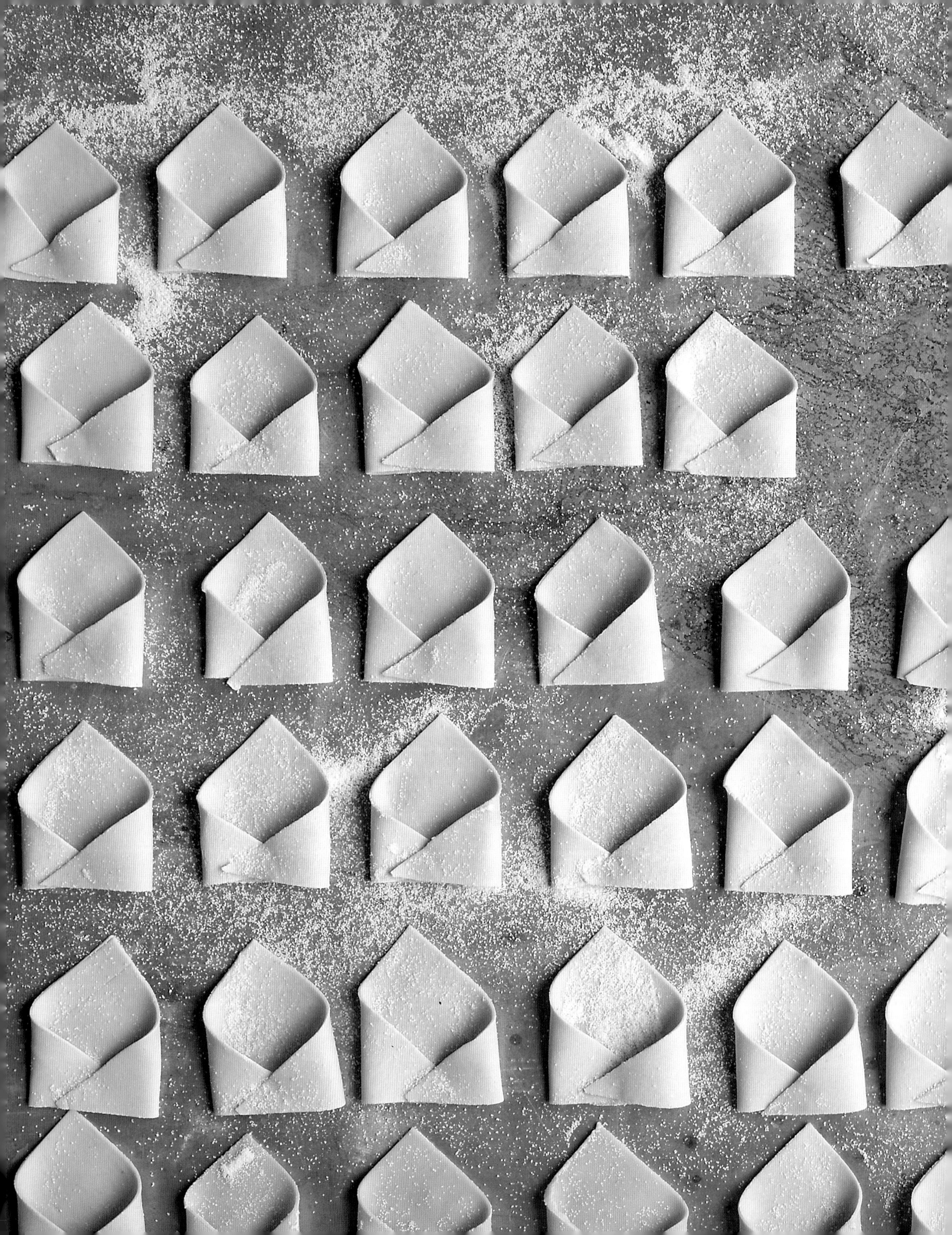

Pasta Fresca

Frische Pasta

Il regno del nord

Die Domäne des Nordens

Frische Nudeln selbst herzustellen gehört zu den größten Vergnügen im Leben. Dieser einfache Prozess, aus einer Handvoll Grundnahrungsmitteln wunderbare, goldene, seidige Nudelblätter herzustellen, schenkt einem einfach ein gutes Gefühl. Ich habe schon frische Nudeln mit vierjährigen Kindern und fast Hundertjährigen hergestellt, und alle hatten großen Spaß.

Frische Pasta wird hauptsächlich aus Eiern und weißem Mehl hergestellt und unterscheidet sich dadurch auch im getrockneten Zustand deutlich von den üblichen getrockneten Nudeln aus Hartweizengrieß und Wasser. Frische Nudeln sind meist weicher in der Konsistenz und haben mehr Geschmack, und es geht nicht darum, sie *al dente* zu kochen, da sie selbst dann weich sind, wenn sie nicht lange gegart wurden.

Meiner Meinung nach sollten Nudelgerichte immer hervorragend zubereitet sein, egal ob mit getrockneter oder mit frischer Pasta, allerdings sind frische Nudeln einfach immer etwas Besonderes. Wer schon einmal frische Tagliatelle hergestellt, sie in sprudelnd kochendem Salzwasser gegart hat und die abgetropften Nudeln mit reichlich Butter und frisch geriebenem Parmigiano Reggiano genossen hat, weiß, wovon ich spreche. Und wer

noch etwas weiße Trüffel darüberreibt, genießt ein so himmlisches Gericht, dass es gar keine Worte dafür gibt. Vermutlich würde ich mir dies als Henkersmahlzeit wünschen. Gut gemachte frische Tagliatelle schmecken schon ohne Butter, Käse und Trüffeln einfach richtig gut, denn frische Eiernudeln sind etwas ganz Spezielles.

Es gibt fast unendlich viele verschiedene frische Eiernudelsorten. In dem Kapitel mit den Grundrezepten finden Sie acht verschiedene Zubereitungsarten für frische Nudeln. Ich benutze am häufigsten frische Nudeln mit Safran, mit Brennnessel, mit Sepiatinte, Maronenmehl und Buchweizenmehl (siehe Seiten 202–210).

Die Inspirationen zu den folgenden Rezepten stammen fast alle aus dem Norden Italiens. In der Einführung zu dem Kapitel über getrocknete Nudeln habe ich den Grund dafür erklärt, wobei das nicht heißen soll, dass Süditaliener nie frische Pasta herstellen, sondern dass sie historisch bedingt einfach einen anderen Zugang dazu haben und dass die Saucen, die in der Mitte und im Norden Italiens typischerweise zubereitet werden, einfach besser zu frischen Nudeln passen. Allerdings habe ich es mir nicht nehmen lassen, auch ein paar meiner Lieblingsgerichte aus Süditalien aufzunehmen.

Linguine con granchio al garum

Linguine mit Krabben, Tomaten und Garum

Für 6 Personen

100 ml extra natives Olivenöl
1 kleine Stange Lauch, fein gewürfelt
1 Knoblauchzehe, fein gehackt und
    nach Geschmack ½ Zehe, ebenfalls
    fein gehackt
100 ml trockener Weißwein,
    z.B. Pinot Grigio oder Vermentino
200 ml Krustentierfond (Rezept Seite
    189), auf 100 ml eingekocht
500 ml passierte Tomaten
Garum (fermentierte Fischsauce)
    nach Geschmack (siehe An-
    merkung)
frisch gemahlener schwarzer Pfeffer
    nach Geschmack
600 g frischer Eiernudelteig (Rezept
    Seite 197), in Linguineform
    geschnitten (siehe Seite 200)
400 g vorgegartes Krabbenfleisch
1 EL glatte Petersilie, fein gehackt

In einem Schmortopf die Hälfte des Olivenöls auf mittlerer Stufe erwärmen. Den Knoblauch und den Lauch darin glasig dünsten. Die Temperatur erhöhen, den Wein zugießen und so lange rühren, bis der Alkohol verdunstet ist. Den reduzierten Krustentierfond und die passierten Tomaten zugeben und mit Garum und schwarzem Pfeffer nach Geschmack würzen. Für dieses Rezept sollte man überhaupt kein Salz verwenden.

Die Sauce kurz aufkochen, bei reduzierter Hitze 10 Minuten köcheln lassen und danach bis zur weiteren Verwendung beiseitestellen.

Die Nudeln in reichlich sprudelnd kochendem Wasser garen und parallel die Sauce erneut erhitzen, die Temperatur reduzieren und eine Minute vor dem Servieren das Krabbenfleisch unterrühren. Die Nudeln abgießen und zu der Sauce geben. Mit der Petersilie, dem restlichen Olivenöl und nach Geschmack mit noch etwas Knoblauch vermischen. Erneut abschmecken und eventuell noch etwas Garum zugeben. Sofort servieren.

Anmerkung: Garum (eine fermentierte Fischsauce) lässt sich hier gut durch eine asiatische Fischsauce ersetzen.

Tagliatelle di ortiche con sugo di capretto alla calabrese

Brennnesseltagliatelle mit geschmortem Zicklein und Thymian

Für 6 Personen

2 ½ EL extra natives Olivenöl
1 kleine Zwiebel, gewürfelt
1 Knoblauchzehe, fein gehackt
500 g Ziegenfleisch aus der Schulter,
    in 2 cm große Würfel geschnitten
feines Meersalz nach Geschmack
frisch gemahlener schwarzer Pfeffer
    nach Geschmack
700 ml passierte Tomaten
3 Zweige Thymian
1 Lorbeerblatt
Wasser oder Rinderfond (Rezept
    Seite 187), falls zum Schmoren
    erforderlich
600 g frischer Brennnesselnudelteig
    (Rezept Seite 206), in Tagliatelle-
    form (siehe Seite 200) geschnitten
frisch geriebener Parmigiano
    Reggiano oder Pecorino-Käse
    zum Servieren
frisches Landbrot zum Servieren

Das Öl in einem Schmortopf auf mittlerer Stufe erhitzen und die Zwiebelwürfel, den Knoblauch und das Ziegenfleisch hineingeben. Mit Meersalz und schwarzem Pfeffer würzen und alles goldbraun anbraten. Die passierten Tomaten, die Thymianzweige und das Lorbeerblatt zugeben und alles kurz aufkochen. Die Temperatur reduzieren und alles 2–3 Stunden sanft köcheln lassen, bis das Fleisch zart ist und fast auseinanderfällt. Sollte die Sauce zu trocken werden, einfach etwas Wasser oder Rinderfond zugießen. Die fertige Sauce beiseitestellen.

Die Nudeln in reichlich sprudelnd kochendem Salzwasser nach Geschmack garen. Im Gegensatz zu getrockneten Nudeln sind frische Eiernudeln weicher und können daher nicht *al dente* gekocht werden. Die Nudeln abgießen und unter die Sauce mischen. Mit reichlich frisch geriebenem Parmesan oder Pecorino bestreut servieren und frisches, knuspriges Brot dazu reichen.

Tagliolini neri con ostriche, caviale di salmone e tartufi

Schwarze Tagliolini mit sautierten Austern, Lachskaviar und weißem Albatrüffel

Für 6 Personen

24 frische Austern ohne Schale
600 g mit Sepiatinte gefärbter frischer Eiernudelteig (Rezept Seite 209), in Taglioliniform geschnitten (siehe Seite 200)
100 ml extra natives Olivenöl
Mehl zum Bestäuben
½ TL Knoblauch, fein gewürfelt
1 EL glatte Petersilie, fein gehackt
1 EL Schnittlauch, in kleine Röllchen geschnitten
60 g frischer Lachskaviar
18 hauchdünne Scheiben frischer Albatrüffel
25 ml Trüffelöl (optional)
feines Meersalz nach Geschmack
frisch gemahlener schwarzer Pfeffer nach Geschmack

Dieses Gericht erfordert sehr kurze Garzeiten. Je nachdem, wie dick die Nudeln sind, müssen sie 2–5 Minuten in kochendem Wasser garen, alles andere ist in ein paar Minuten zusammengestellt. Daher sollten alle Zutaten bereit stehen, damit das Gericht nach dem Sautieren der Austern unverzüglich serviert werden kann.

Die Austern mit einem Geschirrtuch oder Küchenpapier gründlich trocken tupfen. Die Nudeln in reichlich sprudelnd kochendes Salzwasser geben und parallel die Hälfte des Olivenöls in einer großen Schmorpfanne auf höchster Stufe erhitzen. Die Pfanne sollte sehr heiß sein und das Öl ein wenig rauchen. Die Austern mit etwas Mehl bestäuben und ganz kurz in der heißen Pfanne sautieren, sodass sie außen ein wenig kross werden, in der Mitte jedoch noch fast roh sind. Die Austern einmal wenden und in eine große Edelstahlschüssel geben, sobald sie von allen Seiten Farbe bekommen haben.

Die fertig gegarten Nudeln abgießen und zu den Austern, dem Knoblauch, der Petersilie, dem Schnittlauch, dem restlichen Olivenöl, der Hälfte des Kaviars, der Hälfte der Trüffelscheiben und, falls gewünscht, mit dem Trüffelöl in die Schüssel geben und vorsichtig unterheben. Mit Salz und Pfeffer abschmecken und mit dem restlichen Lachskaviar und den Trüffelscheiben bestreut sofort servieren.

Cappelli di preti con ragù di cinghiale

Cappelli di preti mit kalabrischer Wildschweinsauce

Für 6 Personen

600 g frischer Eiernudelteig
   (Rezept Seite 197)
feiner Hartweizengrieß zum
   Bestäuben
2 ½ EL extra natives Olivenöl
1 kleine Zwiebel, gewürfelt
2 Knoblauchzehen, fein gehackt
8 Blättchen Salbei
2 EL glatte Petersilie, fein gehackt
350 g Hackfleisch vom Wildschwein
350 g Hackfleisch vom Schwein
feines Meersalz nach Geschmack
frisch gemahlener schwarzer Pfeffer
   nach Geschmack
200 ml trockener Rotwein
800 g Eiertomaten, geschält, entkernt
   und grob gehackt
1 TL scharfe getrocknete Chiliflocken,
   etwas mehr zum Servieren
   (optional)
Rinderfond (Rezept Seite 187)
   oder Wasser, falls die Sauce zu
   trocken wird
frisch geriebener Pecorino-Käse
   zum Servieren

Für die Cappelli di preti (Priestermützen) den Teig zu 1 mm dicken Blättern auswalzen und in 6,5 cm x 6,5 cm große Quadrate schneiden. Diese Quadrate diagonal durchschneiden, sodass zwei gleich große Dreiecke entstehen. Die Dreiecke mit etwas Wasser bepinseln und dann die unteren Ecken zur Mitte hin zusammenschlagen, sodass die Nudel die Form einer Mitra bekommt. Mit etwas feinem Grießmehl bestäubt nebeneinander auf ein mit Backpapier ausgelegtes Backblech legen und beiseitestellen.

Für die Sauce das Olivenöl in einem Schmortopf auf mittlerer Stufe erhitzen. Die Zwiebel, den Knoblauch, die Salbeiblätter, die Hälfte der Petersilie und das Hackfleisch darin kurz anbraten. Mit Meersalz und schwarzem Pfeffer würzen und das Hackfleisch immer wieder mit einem Löffel aufbrechen, damit es von allen Seiten goldbraun gebraten wird. Den Rotwein zugießen und köcheln lassen, bis der Alkohol vollständig verdunstet ist. Die Tomaten, die restliche Petersilie und die Chiliflocken zugeben und alles mindestens 2 Stunden sanft köcheln lassen. Damit die Sauce nicht zu trocken wird, ab und zu etwas Rinderfond oder Wasser zugeben.

Die Cappelli in reichlich sprudelnd kochendem Wasser garen, danach abgießen, mit der Sauce mischen und dabei noch etwas von der Kochflüssigkeit unterrühren. Mit reichlich frisch geriebenem Pecorino bestreut servieren. Wer Chili mag, kann vor dem Servieren noch ein paar Chiliflocken darüberstreuen.

Anmerkung: Hackfleisch vom Wildschwein möglichst im Voraus bei einem italienischen Metzger bestellen.

Gnocchi alla dalmatina di Ino Kuvacic con ragù di bue

Ino Kuvacics dalmatinische Buttergnocchi in Ochsenschwanzsauce

Für 6 Personen

Dieses Gnocchi-Rezept stammt von einem guten Freund und Kollegen – Ino Kuvacic. Er wiederum hat es von seiner Großmutter übernommen, die aus Dalmatien in Kroatien stammt. Das Gericht ist besonders leicht und von samtiger Konsistenz. Ino und ich sind gute Freunde und reden oft über die erstaunlichen Parallelen zwischen der kroatischen und der italienischen Küche und dem starken italienischen Einfluss auf die Küche Dalmatiens, der sich darauf zurückführen lässt, dass Dalmatien beinah 400 Jahre lang ein Fürstentum Venedigs war. Diese Gnocchi schmecken einfach himmlisch und passen nicht nur zu dieser Ochsenschwanzsauce, sondern natürlich auch zu anderen Saucen.

1 kg Ochsenschwanz, pariert, von überflüssigem Fett befreit und in 4 cm dicke Scheiben geschnitten
feines Meersalz nach Geschmack
frisch gemahlener schwarzer Pfeffer nach Geschmack
100 ml extra natives Olivenöl
50 g Pancetta, fein gewürfelt
1 Knoblauchzehe, klein gehackt
1 Zwiebel, gewürfelt
1 Stange Staudensellerie, gewürfelt
1 Möhre, gewürfelt
100 ml trockener Weißwein
1 l Hühnerfond (Rezept Seite 185)
1 Zweig Thymian
600 g Ino Kuvacics dalmatinische Buttergnocchi (Rezept Seite 213)
90 g Butterflocken
50 g frisch geriebener Parmigiano Reggiano, etwas mehr zum Servieren

Für die Ochsenschwanzsauce die Schwanzscheiben mit Meersalz und schwarzem Pfeffer würzen. Die Hälfte des Olivenöls in einem Schmortopf erhitzen und das Fleisch darin goldbraun anbraten.

Das restliche Öl in einem weiteren Schmortopf auf mittlerer Stufe erhitzen und den Pancetta darin knusprig braten. Danach den Knoblauch, die Zwiebeln, den Sellerie und die Möhre zugeben und das Gemüse etwa 10 Minuten weich dünsten. Den Weißwein und die Schwanzscheiben zugeben und weitere 5 Minuten garen, bis der Alkohol verdunstet ist. Den Hühnerfond zugießen, den Thymianzweig hineingeben und alles aufkochen. Anschließend die Temperatur reduzieren und alles zugedeckt so lange köcheln, bis sich das Fleisch vom Knochen löst (ca. 2,5 – 3,5 Stunden). Während das Fleisch köchelt, immer wieder das Fett von der Oberfläche abschöpfen. Sollte die Sauce zu schnell einkochen, etwas Wasser zugeben. Das Fleisch aus der Sauce entnehmen und etwas abkühlen lassen, um es vom Knochen lösen zu können. Danach das Fleisch zurück in die Sauce geben und diese um ein Viertel einkochen lassen.

Die Gnocchi in reichlich sprudelnd kochendem Wasser garen und herausheben, sobald sie an der Wasseroberfläche schwimmen. Die Gnocchi in eine Servierschüssel füllen. Die Butterflocken und den frisch geriebenen Parmigiano Reggiano unmittelbar vor dem Servieren unter die Sauce rühren, um diese anzudicken. Die Sauce mit einem Löffel über die Gnocchi geben. Frisch geriebenen Parmigiano Reggiano dazu reichen.

Spaghetti con sugo di piccioni

Frische Spaghetti mit Taube, Tomaten und Greco Bianco

Für 6 Personen

100 ml extra natives Olivenöl
1 kleine Zwiebel, gewürfelt
1 Knoblauchzehe, fein gehackt
feines Meersalz nach Geschmack
frisch gemahlener schwarzer Pfeffer
nach Geschmack
3 mittelgroße, küchenfertige junge
Tauben
100 ml Greco Bianco oder einen
anderen trockenen Weißwein
aus Süditalien
500 ml passierte Tomaten
500 ml Hühnerfond (Rezept
Seite 185)
1 kleines Lorbeerblatt
1 Zweig Rosmarin
600 g frischer Eiernudelteig (Rezept
Seite 197), in Spaghettiform
geschnitten (siehe Seite 200)
frisch geriebener Pecorino-Käse
zum Servieren

In einem Schmortopf die Hälfte des Olivenöls auf mittlerer Stufe erhitzen, die Zwiebel und den Knoblauch hineingeben, mit Meersalz und schwarzem Pfeffer würzen und goldbraun anbraten. Den Topf danach vom Herd nehmen und beiseitestellen. In einem zweiten Schmortopf das restliche Olivenöl erhitzen und die ganzen Tauben darin von allen Seiten anbraten. Anschließend die Täubchen in den ersten Topf geben, die Temperatur erhöhen, den Weißwein zugießen und so lange garen, bis der Alkohol verdunstet ist. Die passierten Tomaten, den Hühnerfond, das Lorbeerblatt und den Rosmarinzweig zugeben und alles etwa 2 Stunden köcheln lassen, bis sich das Fleisch von den Knochen löst. Die fertig gegarten Täubchen herausnehmen, kurz abkühlen lassen und das Fleisch von den Knochen lösen, um es wieder zurück in die Sauce zu geben.

Die Nudeln in reichlich sprudelnd kochendem Salzwasser garen, abgießen und unter die Sauce mischen. Heiß mit frisch geriebenem Pecorino bestreut servieren.

Pappardelle con ragù di vitello e maggiorana

Pappardelle mit einer Kalbsfleischsauce und Majoran

Für 6 Personen

Dieses Rezept verdankt seine Entstehung einem kalabrischen Metzger namens Vincenzo Garreffa – einem sehr guten Freund der Familie mit einer außergewöhnlichen Liebe zu Lebensmitteln. Seit Jahren tauchen seine Produkte auf meinen Speisekarten auf, denn er führt nicht nur das italienische Metzgerhandwerk mit großer Hingabe fort, sondern liefert auch die qualitativ hochwertigsten Fleischprodukte in der gesamten Region. Die Zusammenarbeit mit ihm ist stets sehr anregend. Dieses Gericht, das rund um Vinces wunderbares Kalbfleisch aus White Rocks für die erste Speisekarte des Pendolino entworfen wurde, ist inzwischen ein echter Renner. Beim Zubereiten der Sauce sollte man regelmäßig umrühren, da das mit Mehl panierte Fleisch leicht am Topfboden haftet und anbrennt. Ich nehme das Kalbfleisch aus White Rocks, es ist legendär, aber natürlich kann man auch anderes hochwertiges Kalbfleisch verwenden.

400 g Kalbsnacken, pariert und in 1–2 cm große Würfel geschnitten
feines Meersalz nach Geschmack
frisch gemahlener schwarzer Pfeffer nach Geschmack
Mehl zum Bestäuben des Fleischs
140 ml extra natives Olivenöl
1 kleine Zwiebel, fein gewürfelt
1 kleine Möhre, fein gewürfelt
1 Stange Staudensellerie, fein gewürfelt
1 Knoblauchzehe, fein gewürfelt
2 Zweige Thymian, Blättchen abgezupft
1 Zweig Rosmarin, Nadeln abgezupft
2 Zweige Majoran, Blättchen abgezupft
150 ml trockener Weißwein
1 l Rinderfond (Rezept Seite 187)
600 g frischer Eiernudelteig (Rezept Seite 197), in Pappardelleform geschnitten (siehe Seite 200)
50 g frisch geriebener Parmigiano Reggiano, etwas mehr zum Servieren
50 g gesalzene Butter in Flöckchen

Das gewürfelte Kalbfleisch mit Salz und Pfeffer würzen und mit Mehl bestäuben. Überschüssiges Mehl abschütteln. In einem großen Schmortopf 2 EL Olivenöl auf mittlerer Stufe erhitzen und das Fleisch darin goldbraun anbraten. Das restliche Olivenöl in einem weiteren Schmortopf auf mittlerer Stufe erhitzen, das klein gewürfelte Gemüse, den Knoblauch und die Kräuter anbraten, mit dem Weißwein ablöschen und diesen um die Hälfte einkochen lassen. Das Kalbfleisch und den Rinderfond zugeben und nach Geschmack mit Meersalz und schwarzem Pfeffer würzen. Alles aufkochen, danach die Temperatur reduzieren und etwa 2 Stunden sanft köcheln lassen, bis das Fleisch auseinanderfällt.

Die Nudeln in reichlich sprudelnd kochendem Salzwasser garen und dabei daran denken, dass frische Nudeln weicher sind und daher nicht wirklich *al dente* gekocht werden können. Die Nudeln abgießen und zur Sauce geben. Den frisch geriebenen Parmesan und die Butterflocken darübergeben, vermengen und die Sauce leicht andicken.

Spaghetti alla chitarra con pesce d'acqua dolce

Frische Spaghetti alla chitarra mit Flussfisch und Flusskrebs

Für 6 Personen

9 mittelgroße Flusskrebse

600 g frischer Eiernudelteig (Rezept siehe Seite 197), in Spaghettiform geschnitten (siehe Seite 200)

100 ml extra natives Olivenöl, etwas mehr zum Servieren

300 g Flussfischfilets, z.B. Barramundi, gehäutet und in Würfel geschnitten

feines Meersalz nach Geschmack

frisch gemahlener schwarzer Pfeffer nach Geschmack

3 Knoblauchzehen, fein gewürfelt

2 EL italienische gesalzene Kapern, abgespült und abgetropft

2 TL frische Chilischote, in feine Ringe geschnitten

150 ml Pinot Grigio

2 EL glatte Petersilie, fein gehackt

Anmerkung: Die Flusskrebse sehr behutsam garen, da sie von zu langem Kochen gummiartig werden.

Die Flusskrebse 1 Minute in kochendem Salzwasser blanchieren und anschließend sofort in Eiswasser abschrecken. (Auf diese Weise wird das Fleisch direkt unter dem Panzer gegart und es lässt sich leichter ausbrechen.) Dafür den Schwanz mit einer leichten Drehung vom Kopf trennen. Die ausgebrochenen Schwänze vom Darm befreien, den Panzer mit einer Küchenschere auf der Bauchseite aufschneiden und die Panzersegmente ausbrechen. Das Flusskrebsfleisch längs halbieren.

Die Sauce muss sehr schnell zubereitet werden, daher ist es wichtig, dass alle Zutaten griffbereit sind. Die Garzeit der Spaghetti beträgt je nach Dicke 3–6 Minuten. Sobald die Nudeln kochen, sollte die Sauce zubereitet werden.

Die Spaghetti in einen Topf mit reichlich sprudelnd kochendem Salzwasser geben. Die Hälfte des Olivenöls in einer tiefen Schmorpfanne auf mittlerer Stufe erhitzen, bis die Pfanne sehr heiß ist und das Öl leicht raucht. Das Fisch- und Krebsfleisch hineingeben und sofort mit dem Meersalz und dem schwarzen Pfeffer würzen. Den Knoblauch, die Kapern und die Chiliringe dazugeben und gleichzeitig die Spaghetti im Auge behalten und abgießen, sobald sie gar sind. Den Fisch 1 Minute anbraten und danach den Weißwein zugießen. Die Pfanne sollte möglichst heiß sein, damit der Wein schnell einkocht. Wer nicht sicher ist, ob seine Pfanne groß genug ist und die Hitze halten kann, sollte lieber zwei Pfannen verwenden. Eine weitere Minute köcheln lassen, bis der Alkohol verdunstet ist. Dann die Nudeln mit in die Pfanne geben. Sollten die Nudeln noch nicht gar sein, die Pfanne kurz vom Herd nehmen und warten, bis die Spaghetti so weit sind. Das restliche Olivenöl und die Petersilie untermischen, abschmecken und sofort servieren. Auf Wunsch bei Tisch noch mit etwas Olivenöl beträufeln.

Corsetti con ragù di coniglio

Ligurische Medaillonnudeln mit geschmortem Kaninchen

Für 6 Personen

Diese traditionellen ligurischen Corsetti (alte Münzen) gehören zu den schönsten Nudelformen überhaupt, und es macht wirklich Spaß, sie selbst herzustellen. Die Verwandlung von einem ganz normalen Nudelteig in diese kleinen essbaren Meisterwerke erfüllt mich immer mit großer Befriedigung. In diesem Rezept vereine ich die Corsetti mit einer traditionellen ligurischen Kaninchensauce, wobei sie in Ligurien meist ganz klassisch mit *Pesto alla Genovese* serviert werden. Beides schmeckt köstlich.

600 g frischer Eiernudelteig
   (Rezept Seite 197)
100 ml extra natives Olivenöl
1 kleine Zwiebel, gewürfelt
1 Stange Staudensellerie, gewürfelt
1 Möhre, gewürfelt
1 Stange Lauch, gewürfelt
3 Zweige Thymian
1 kleines Lorbeerblatt
1 Knoblauchzehe, fein gehackt
feines Meersalz nach Geschmack
frisch gemahlener schwarzer Pfeffer
   nach Geschmack
600 g Kaninchenfleisch mit Knochen
100 ml trockener Weißwein
500 ml passierte Tomaten
1 EL Tomatenmark
500 ml Hühnerfond (Rezept
   Seite 185)
frisch geriebener sardinischer Pecorino oder Parmigiano Reggiano

Den Eiernudelteig zu 1–2 mm dünnen Nudelblättern ausrollen. Daraus mit einem Stempel oder einem anderen Gegenstand, der einer römischen Münze gleicht, die Corsetti ausstechen (Durchmesser 6 cm).

In einem Schmortopf die Hälfte des Olivenöls auf kleiner bis mittlerer Stufe erhitzen und das gewürfelte Gemüse, den Thymian, das Lorbeerblatt und den Knoblauch weich dünsten. Mit Meersalz und schwarzem Pfeffer würzen. Das restliche Öl in einem weiteren Schmortopf auf mittlerer Stufe erhitzen. Das Kaninchenfleisch würzen und im heißen Öl von allen Seiten anbraten. Das Kaninchenfleisch zu dem weichen Gemüse geben und die Temperatur erhöhen. Den Weißwein zugießen und kochen, bis er beinah vollständig verdampft ist. Danach die passierten Tomaten, das Tomatenmark und den Hühnerfond zugeben, kurz aufkochen und alles mindestens 2 Stunden sanft köcheln lassen, bis sich das Fleisch vom Knochen löst. Das Fleisch herausheben, kurz abkühlen lassen, dann vom Knochen lösen, in mundgerechte Stücke zerteilen und zurück in die Sauce geben. Die Sauce erneut erhitzen, anschließend beiseitestellen.

Die Corsetti in sprudelnd kochendem Salzwasser etwa 8 Minuten garen, bis sie wirklich weich sind.

Die Sauce mit einem Löffel über die Pasta geben und sofort mit reichlich sardinischem Pecorino oder Parmigiano Reggiano bestreut servieren.

Canederli di spinaci

Südtiroler Spinatknödel mit Gruyère und Parmigiano Reggiano

Für 6–8 Personen

Dieses Gericht ist vermutlich unter seinem deutschen Namen *Spinatknödel* besser bekannt als unter seinem italienischen Gegenstück *Canederli di spinaci*. Auf italienischen Speisekarten findet man sicherheitshalber häufig beide Namen. Zweifelsohne stammt das Gericht ursprünglich aus Deutschland oder Österreich, doch im Laufe der Geschichte wurde es in Südtirol und im Trentino zu einem traditionellen Gericht. Auch wenn man vermutlich etwas anderes unter der Rubrik Pasta erwartet, so schmecken diese kleinen Canederli vor allem im tiefsten Winter einfach so köstlich, dass ich sie Ihnen nicht vorenthalten wollte. Ich habe sie zum ersten Mal zusammen mit meiner Frau, meinem Sohn und einem Sommelier auf einer kleinen Hütte in den schneebedeckten Bergen Südtirols gegessen, und es war einfach perfekt.

120 g gesalzene Butter
1 mittelgroße Zwiebel, fein gewürfelt
feines Meersalz nach Geschmack
frisch gemahlener weißer Pfeffer
*   nach Geschmack*
3 Bio-Eier aus Freilandhaltung
*   (Gewichtsklasse M)*
frisch geriebene Muskatnuss nach
*   Geschmack*
500 g altbackenes Brot, in etwa
*   1 cm große Würfel geschnitten*
100 g geriebener Gruyère-Käse
3 EL Weizenmehl, Type 405
300 g junge Spinatblätter, gegart oder
*   gedämpft, fein gehackt und gut*
*   abgetropft*
3 EL Vollmilch
frisch geriebener Parmigiano
*   Reggiano nach Geschmack*

In einer Kasserolle zwei Drittel der Butter auf niedriger Stufe zerlassen und die Zwiebel darin weich und glasig dünsten. Mit dem Meersalz und dem schwarzem Pfeffer würzen und beiseitestellen. Die Eier, die Muskatnuss, die Brotwürfel, den Gruyère, das Mehl, den Spinat, die Milch und die gedünsteten Zwiebeln zu einem weichen Teig verkneten. Sollte der Teig zu trocken sein, einfach noch etwas mehr Milch zugeben. Aus dem Teig mit nassen Händen kleine Knödel (von der Größe großer Gnocchi) formen und diese in reichlich sprudelnd kochendem Salzwasser etwa 8–12 Minuten garen. Die kleinen Knödel abtropfen lassen und in eine vorgewärmte Servierschale füllen. Nach Geschmack Parmigiano Reggiano darüberreiben. Die restliche Butter in einem kleinen Stieltopf auf hoher Stufe schaumig und braun werden lassen. Die Butter über Käse und Knödel träufeln und sofort servieren.

Capellini di zafferano con aragosta

Safrancapellini mit Hummer und einer Wildfenchelsauce

Für 6 Personen

1 lebender Hummer (ca. 800 g)
80 g Butter
1 kleine Stange Lauch, gewürfelt
1 Knoblauchzehe, fein gehackt
40 g gesalzene Babykapern, abgespült
    und abgetropft
100 ml trockener Weißwein,
    z.B. Pinot Grigio oder Vermentino
800 ml Krustentierfond (Rezept
    Seite 189), auf 200 ml eingekocht
200 ml passierte Tomaten
3 Zweige wilder Fenchel, Blattspit-
    zen abgezupft und einige Fenchel-
    spitzen zum Servieren (optional)
feines Meersalz nach Geschmack
frisch gemahlener schwarzer Pfeffer
    nach Geschmack
600 g frischer Safraneiernudelteig
    (Rezept Seite 210), in Capellini-
    form geschnitten (siehe Seite 200)
1 EL glatte Petersilie, fein gehackt

Den lebenden Hummer kopfüber in kochenes Wasser tauchen, mit einem Holzkochlöffel unter die Wasseroberfläche drücken und etwa 15–20 Minuten kochen. Den Hummer anschließend sofort in Eiswasser abschrecken. (Auf diese Weise wird das Fleisch direkt unter dem Panzer leicht gegart und lässt sich leichter schälen.) Den Kopf entfernen. Mit einer Küchenschere den Panzer auf der Unterseite längs aufschneiden und das Fleisch vorsichtig auslösen. Den Rückenpanzer so weit einschneiden, dass sich der Corail entfernen und der Darm herausziehen lässt. Das Hummerfleisch in Stücke schneiden. Das gegarte Fleisch in Scheren und Beinen vorsichtig herausziehen und zu dem Rest legen.

In einer mittelgroßen Kasserolle die Hälfte der Butter auf mittlerer Stufe zerlassen und den Lauch, den Knoblauch und die Kapern darin weich dünsten. Die Temperatur erhöhen, den Weißwein zugießen und so lange rühren, bis der Alkohol verdampft ist. Den reduzierten Krustentierfond, die passierten Tomaten und den wilden Fenchel zugeben und mit Meersalz und schwarzem Pfeffer abschmecken. Alles kurz aufkochen und dann bei reduzierter Hitze etwa 30 Minuten köcheln lassen. Die fertige Sauce bis zum weiteren Gebrauch beiseitestellen.

Die Nudeln in reichlich sprudelnd kochendem Salzwasser garen und parallel die Sauce wieder erwärmen. Die Hummerstücke hineingeben und etwa 2 Minuten köcheln, bis das Fleisch gar ist. Die Petersilie untermischen und die restliche Butter in der Sauce zerlassen. Die abgetropften Nudeln zurück in den Topf geben und die Sauce mit dem Hummer untermischen. Auf Wunsch mit wilden Fenchelspitzen garnieren und sofort servieren.

Spätzle con funghi di castagno

Spätzle mit Maronenpilzen

Für 6 Personen

Weder in Italien noch in Deutschland oder Österreich werden Spätzle so knusprig gebraten wie in diesem Rezept, dabei mag ich sie auf diese Weise zubereitet ganz besonders. Der Parmigiano Reggiano gibt dem Gericht seine besondere italienische Note und verbindet auf wunderbare Weise die Zutaten miteinander. Nicht nur als Hauptgericht köstlich, sondern auch als ausgefallene Beilage zu Fleisch und Wild.

FÜR DIE SPÄTZLE

600 g Weizenmehl, Type 405
5 Bio-Eier aus Freilandhaltung
*   (Gewichtsklasse M)*
feines Meersalz nach Geschmack
frisch geriebene Muskatnuss nach
*   Geschmack*
extra natives Olivenöl zum Auf-
*   bewahren der Spätzle*
150 g Butter, klein geschnitten

FÜR DIE SAUCE

2 EL extra natives Olivenöl
250 g Butter
2 kleine Stangen Lauch, klein gehackt
500 g Maronenröhrlinge, in Scheiben
*   geschnitten*
feines Meersalz nach Geschmack
frisch gemahlener schwarzer Pfeffer
150 ml trockener Weißwein
2 EL glatte Petersilie, fein gehackt
frisch geriebener Parmigiano
*   Reggiano zum Servieren*

Für die Spätzle das Mehl, die Eier, etwas Meersalz und Muskatnuss sowie 220 ml Wasser in eine große Schüssel geben und zu einem glatten Teig verrühren. Den Teig eine Stunde ruhen lassen, allerdings zwischendurch immer mal wieder aufschlagen.

In einem großen Topf reichlich Salzwasser aufkochen. Jeweils 2–3 EL Teig in eine Spätzlepresse oder in eine Kartoffelpresse geben und den Teig direkt ins kochende Wasser pressen. Lange Stränge mit einem scharfen Messer abschneiden, denn die Spätzle sollten ungefähr 1–3 cm lang sein. Die Spätzle mit einem Schaumlöffel herausheben, sobald sie an der Wasseroberfläche schwimmen und in einem Eiswasserbad abschrecken. Diesen Vorgang mit dem restlichen Teig wiederholen. Die fertigen Spätzle abtropfen lassen, danach mit wenig Olivenöl übergießen (damit sie nicht aneinander kleben) und in den Kühlschrank stellen.

Für die Sauce in einer Pfanne das Olivenöl mit 100 g Butter auf mittlerer Stufe erhitzen und den Lauch darin weich dünsten. Danach die Temperatur erhöhen, die Pilze zugeben, etwa 4 Minuten lang braten und anschließend mit Salz und Pfeffer würzen. Die weichen Pilze mit dem Weißwein ablöschen und weitergaren, bis der Wein verdunstet ist. Die Pfanne beiseitestellen und dafür in einer weiteren Pfanne auf mittlerer Stufe 150 g Butter zerlassen, bis sie schäumt und dann nach und nach die Spätzle darin knusprig braten. Schließlich alle Spätzle zurück in die Pfanne geben und die Pilzmischung und die Petersilie untermischen. Mit frisch geriebenem Parmesan und frisch gemahlenem schwarzen Pfeffer bestreut servieren.

Tagliatelle di farro con ragù di anatra

Dinkeltagliatelle mit Ente in Sangiovese

Für 6 Personen

2 ½ EL extra natives Olivenöl
1 Zwiebel, gewürfelt
1 Möhre, gewürfelt
1 Stange Staudensellerie, gewürfelt
200 g Pancetta, fein gewürfelt
1 Knoblauchzehe, fein gehackt
feines Meersalz nach Geschmack
frisch gemahlener schwarzer Pfeffer
    nach Geschmack
2 große Flugenten, gehäutet
200 ml Sangiovese (Chianti) Rotwein
250 ml passierte Tomaten
300 ml Hühnerfond (Rezept
    Seite 185)
1 kleines Lorbeerblatt
1 Zweig Thymian
50 g getrocknete Steinpilze, einge-
    weicht, 2 x mit heißem Wasser
    gespült und abgetropft
1 Zweig Rosmarin
600 g frischer Dinkeleiernudelteig
    (Rezept Seite 203) in Tagliatelle-
    form geschnitten (Seite 200)
frisch geriebener Parmigiano
    Reggiano zum Servieren

In einem Schmortopf die Hälfte des Olivenöls auf mittlerer Stufe erhitzen und das Gemüse mit dem Schinken und dem Knoblauch goldbraun anbraten. Mit Salz und Pfeffer würzen, aber nicht zu viel Salz verwenden, da der Pancetta ja schon recht salzig ist. Das restliche Öl in einer Pfanne erhitzen und die Enten darin goldbraun anbraten. Anschließend die Enten zu dem Gemüse in den Schmortopf geben, die Temperatur erhöhen, den Rotwein zugießen und so lange garen, bis der Wein verdampft ist. Dabei gelegentlich umrühren. Die passierten Tomaten, den Hühnerfond, das Lorbeerblatt, den Thymian, die Steinpilze und den Rosmarin zugeben und bei reduzierter Hitze 2 – 2,5 Stunden köcheln lassen, bis sich das Fleisch von den Knochen löst. Eventuell noch etwas Hühnerfond oder Wasser zugeben, sollte die Mischung zu trocken werden. Die Enten herausheben, etwas abkühlen lassen, das Fleisch von den Knochen lösen und zurück in die Sauce geben.

Die Nudeln in reichlich sprudelnd kochendem Salzwasser garen, danach abgießen und mit etwas Nudelkochwasser unter die Sauce mischen. Reichlich Parmesan darüberreiben und sofort servieren.

Fettuccine di castagna con maiale e cavolo savoiardo

Maronenfettuccine mit Schweinebäckchen und Wirsing

Für 6 Personen

600 g Schweinebäckchen, pariert und
  vom Fett befreit
250 ml Chardonnay, auf 170 ml
  eingekocht
1 Zwiebel, fein gewürfelt
1 Stange Lauch, fein gewürfelt
1 Stange Staudensellerie, fein
  gewürfelt
1 Möhre, fein gewürfelt
1 Zweig Rosmarin
4 Blättchen Salbei
700 ml Gemüsefond (Rezept
  Seite 187)
1 Lorbeerblatt
feines Meersalz nach Geschmack
frisch gemahlener schwarzer Pfeffer
½ Wirsing, Strunk entfernt und
  grob gehackt
300 g frischer Eiernudelteig aus
  Maronenmehl (Rezept Seite 202),
  in Fettuccineform geschnitten
  (siehe Seite 200)
50 g Butterflöckchen
frisch geriebener Parmigiano
  Reggiano nach Geschmack

Den Ofen auf 150 °C (Gasherd Stufe 2) vorheizen und sämtliche Zutaten bis auf den Wirsing, die Pasta und die Butter in eine Auflaufform geben. Den Inhalt der Auflaufform mit einer Cartouche aus Backpapier (siehe Anmerkung) abdecken, die Form fest mit Alufolie umwickeln und für 2 Stunden in den Ofen stellen, bis das Fleisch leicht zerfällt. Die Form aus dem Ofen holen und abkühlen lassen. Das Fleisch in mundgerechte Stücke teilen und zurück in die Form geben. Das Lorbeerblatt und den Rosmarinzweig entfernen. Den Wirsing in kochendem Salzwasser blanchieren und mit in die Auflaufform geben.

Die Fettuccine in reichlich sprudelnd kochendem Salzwasser garen (etwa 3–4 Minuten), abgießen und unter die Zutaten in der Auflaufform mischen. die Butterflöckchen daraufsetzen, nach Geschmack mit frisch gemahlenem schwarzen Pfeffer und frisch geriebenem Parmesan bestreuen und sofort servieren.

Anmerkung: Eine Cartouche ist ein Stück Backpapier, mit dem eine Auflaufform oder ein Topf abgedeckt wird, um zu verhindern, dass das Gargut austrocknet. Außerdem verhindert sie, dass sich eine Haut auf der Flüssigkeit bildet.

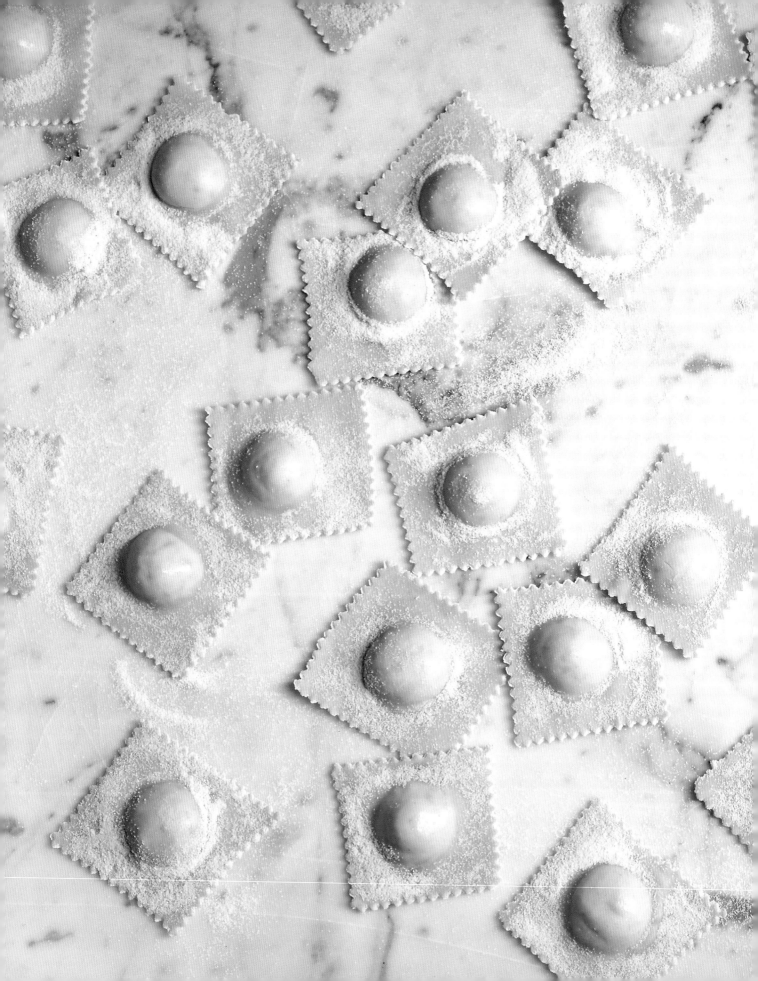

Pasta Ripiena

Gefüllte Pasta

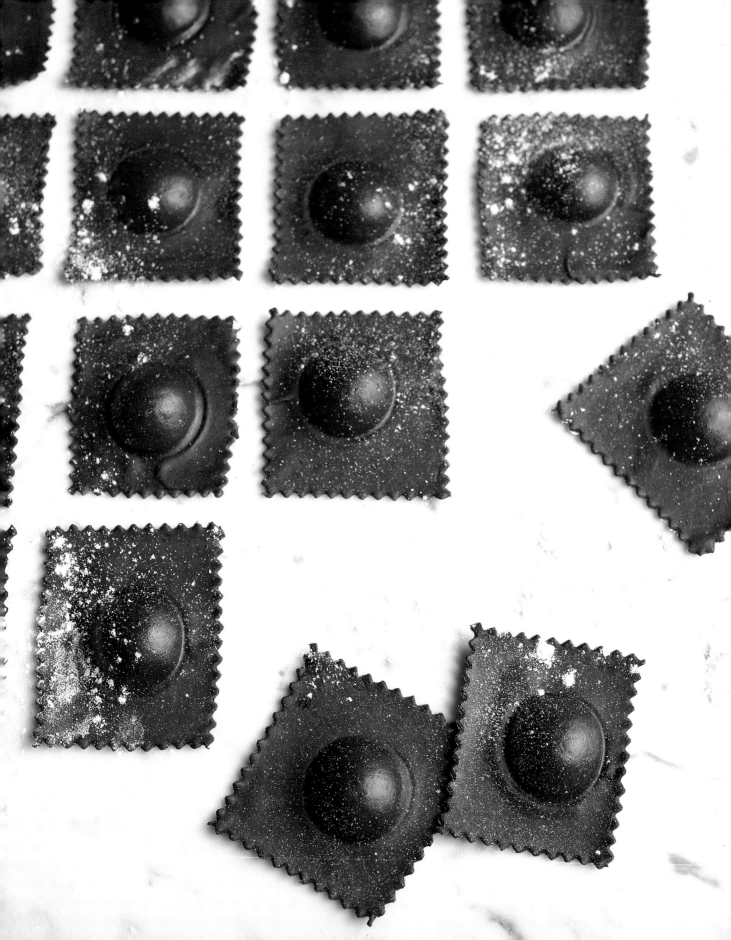

Dove la pasta diventa un'arte

Wo die Pasta zur Kunst erhoben wird

Für mich gehört gefüllte Pasta zu einer der wunderbarsten Gaumenfreuden überhaupt. Ich habe Leute erlebt, die so verrückt nach Ravioli, Tortellini und Co. sind, dass sie dafür beinah um die halbe Welt reisen. Die Herstellung einer perfekt gefüllten Pasta ist eine Kunst, die Finesse, Eleganz und Balance erfordert. Man kann damit Stimmungen verändern und Wohlbefinden generieren, sie ist eng mit der Geschichte und Kultur verknüpft und dokumentiert die handwerkliche Meisterschaft italienischer Küche. Hier zeigt sich, dass die Zubereitung von Speisen Kunst sein kann und auch sein sollte.

Egal ob Tortellini, Ravioli, Mezzelune oder andere gefüllte Pasta – es ist immer aufs Neue aufregend, aus einer Handvoll Zutaten diese kleinen Kunstwerke zu schaffen. Ich glaube, dass gefüllte Nudeln mehr als alle anderen Pastagerichte eine gewisse Vorfreude hervorrufen, die durch die kleine Unsicherheit darüber, was wohl in diesen hübschen kleinen Päckchen stecken mag und wie sie gekocht und mit einer entsprechenden Sauce serviert schmecken werden, verursacht wird.

Perfekte gefüllte Pasta herzustellen ist sicherlich nicht einfach, lohnt aber die Mühe. Da ist zunächst einmal der Teig, der schon eine ganze Wissenschaft und eine Kunst an sich darstellt. Die größte Herausforderung beim Nudelteig besteht darin, für jede Füllung die richtige Teigstärke zu finden. Ist der Teig zu dick, schmecken die gefüllten Nudeln wie zu lange gekochte Klöße, ist er zu dünn, fallen sie auseinander. Und dann die Füllung – das Herzstück der Pasta und meist der Grund für die freudige Erwartungshaltung beim Genuss gefüllter Nudeln. Letztendlich spielt beim Zubereiten der Pasta auch die Umgebung eine gewisse Rolle. Wie warm, feucht oder wie zugig ist es in der Küche? Fragen wie diese spielen bei der Zubereitung gefüllter Nudeln eine größere Rolle, als die meisten ahnen. Auch die richtige Aufbewahrung ist entscheidend. Diese hängt davon ab, wie lange im Voraus die Nudeln zubereitet werden und wie feucht die Füllung ist. Eine falsche Lagerung kann die ganze mühevolle Arbeit sehr schnell zunichte machen. Zu guter Letzt muss auch die Sauce mit der gefüllten Pasta harmonieren, und auch sie sollte perfekt zubereitet sein. Jeder Teil dieses Prozesses ist enorm wichtig.

Die nachfolgenden Rezepte erklären detailliert jeden einzelnen Schritt der richtigen Zubereitung. In der eigenen Küche macht es Spaß, die gefüllten Nudeln gemeinsam mit Freunden herzustellen. Es ist dann nicht nur weniger Arbeit, sondern alle haben eine Menge Spaß dabei.

Ravioli di magro al burro fuso e salvia

Käse-Spinat-Ravioli in brauner Salbeibutter

Für 6 Personen (ergibt etwa 60 Ravioli)

In der italienischen Küche wird Gemüse als wichtig und wertvoll geachtet und nicht einfach als magenfüllende Beilage oder als Zutat zweiter Klasse betrachtet. Gemüse ist die Essenz der italienischen Kochkunst und wird mit großem Respekt behandelt. Dieses Gericht ist das beste Beispiel dafür. Müsste ich ein Gericht als Quintessenz meiner Erfahrungen als Koch im Restaurant Pendolino benennen, so wären es vermutlich diese Ravioli. Viele unserer Stammgäste verlangen erst gar nicht die Speisekarte, sondern bestellen direkt diese Ravioli mit Käse und Spinat, egal ob sie Vegetarier sind oder nicht. Richtig zubereitet, sind diese gefüllten Nudeln einfach Genuss pur.

330 g Babyspinat
260 g frischer Ricotta
130 g frisch geriebener Parmigiano
    Reggiano, etwas mehr zum
    Servieren
100 g gereifter Mozzarella di Bufala,
    gerieben
1 Bio-Ei aus Freilandhaltung, ver-
    quirlt
frisch geriebene Muskatnuss
    nach Geschmack
feines Meersalz nach Geschmack
frisch gemahlener schwarzer Pfeffer
    nach Geschmack
600 g frischer Eiernudelteig
    (Rezept Seite 197)
feiner Hartweizengrieß zum
    Bestäuben
200 g gesalzene Butter in Flöckchen
12 Blättchen Salbei

Den Spinat in sprudelnd kochendem Salzwasser 2 Minuten blanchieren, danach kurz abtropfen lassen und sofort in Eiswasser abschrecken. Die Spinatblätter sorgfältig ausdrücken und in einer Küchenmaschine oder in einem Mörser pürieren. Den pürierten Spinat mit den 3 Käsesorten und einem Drittel des verquirlten Eis mischen und mit Muskatnuss, Salz und Pfeffer nach Geschmack würzen. Die fertige Füllung beiseitestellen.

Für die Ravioli den Teig zu maximal 1 mm dicken Teigblättern walzen oder ausrollen und jeweils ein Teigblatt mit etwas Wasser bepinseln. Im Abstand von etwa 5 cm jeweils ½ EL von der Füllung auf den Teig geben. Ein zweites Teigblatt darüberlegen und es mit den Fingern um die Füllung so festdrücken, dass die Luft entweicht (sehr wichtig). Mit einem runden Ausstechförmchen (mit einem Durchmesser von 5–5,5 cm) runde Ravioli ausschneiden, diese mit etwas feinem Hartweizengrieß bestäuben und auf ein mit Backpapier ausgelegtes Backblech legen.

Die Ravioli in reichlich sprudelnd kochendem Salzwasser garen und anschließend abgießen. In einer Kasserolle die Butter zerlassen, aufschäumen lassen und die Salbeiblätter darin knusprig braten. Die Ravioli in der Salbeibutter mit frisch geriebenem Parmesan bestreut servieren.

Ravioli di mozzarella di bufala e parmigiano reggiano con sugo alla napoletana

Ravioli gefüllt mit Mozzarella und Parmesan in einer neapolitanischen Tomatensauce

Für 6 Personen (ergibt etwa 60 Ravioli)

250 g frisch geriebener Parmigiano
    Reggiano, etwas mehr zum
    Servieren
250 g gebackener Ricotta (Ricotta
    al forno)
180 g gereifter Mozzarella
    di Bufala, gerieben (siehe
    Anmerkung)
600 g frischer Eiernudelteig
    (Rezept Seite 197)
feiner Hartweizengrieß zum
    Bestäuben
600 ml neapolitanische Tomatensauce
    (Rezept Seite 190)
4 Blättchen Basilikum

Die drei Käsesorten in der Küchenmaschine fein zermahlen und bis zur weiteren Verwendung für die Füllung beiseitestellen.

Für die Ravioli den Teig zu maximal 1 mm dicken Teigblättern walzen oder ausrollen und jeweils ein Teigblatt mit etwas Wasser bepinseln. Im Abstand von etwa 5 cm jeweils ½ EL von der Füllung auf den Teig geben. Ein zweites Teigblatt darüberlegen und es mit den Fingern um die Füllung so festdrücken, dass die Luft entweicht (sehr wichtig). Mit einem runden Ausstechförmchen (mit einem Durchmesser von 5–5,5 cm) runde Ravioli ausschneiden, diese mit etwas feinem Hartweizengrieß bestäuben und auf ein mit Backpapier ausgelegtes Backblech legen.

Die neapolitanische Tomatensauce in einem kleinen Stieltopf erwärmen und parallel die Ravioli in reichlich sprudelnd kochendem Salzwasser garen, bis sie an die Oberfläche steigen. Die Ravioli abtropfen lassen und in die Sauce geben. In vorgewärmten Pastatellern servieren. Die Basilikumblätter in dünne (Julienne-)Streifen schneiden und über die Nudeln streuen. Frisch geriebenen Parmigiano Reggiano dazu reichen.

Anmerkung: Sollte gereifter Mozzarella di Bufala nicht erhältlich sein, kann man ihn durch Kuhmilchkäse wie etwa Provola (Provolone) ersetzen.

Ravioli di patate al coniglio

Kartoffelravioli mit Kaninchen und Dicken Bohnen

Für 6 Personen (ergibt etwa 60 Ravioli)

1 ganzes Kaninchen (etwa 1,2 kg)
feines Meersalz nach Geschmack
frisch gemahlener schwarzer Pfeffer
*   nach Geschmack*
100 ml extra natives Olivenöl
1 Möhre, grob gehackt
1 Stange Staudensellerie, grob zerteilt
1 Zwiebel, grob gehackt
1 Knoblauchzehe, grob gehackt
160 ml halbtrockener Weißwein
*   (z.B. Riesling)*
2 l Hühnerfond (Rezept Seite 185)
1 Lorbeerblatt
3 Zweige Thymian
5 schwarze Pfefferkörner
250 g gebackener Ricotta
*   (Ricotta al forno)*
150 g frisch geriebener Parmigiano
*   Reggiano, etwas mehr zum*
*   Servieren*
600 g frischer Eiernudelteig mit Kar-
*   toffeln (Rezept Seite 202)*
feiner Hartweizengrieß zum
*   Bestäuben*
100 g gesalzene Butter in Flöckchen
6 frische Dicke-Bohnen-Kerne,
*   blanchiert und geschält (siehe*
*   Anmerkung)*

Das Kaninchen zerteilen (Schenkel vorne und hinten abtrennen, den Rumpf in 3 Teile zerlegen) oder den Metzger das Kaninchen vorbereiten lassen. Die einzelnen Stücke mit Salz und gemahlenem Pfeffer einreiben. In einem großen Schmortopf das Olivenöl auf mittlerer Stufe erhitzen und die Kaninchenteile darin goldbraun anbraten. Das Fleisch herausheben, beiseitestellen und das Gemüse im gleichen Topf ebenfalls goldbraun anbraten. Die Kaninchenteile zurück in den Topf geben und alles mit dem Weißwein ablöschen. Sobald der Alkohol verdampft ist, das Fleisch und das Gemüse mit dem Hühnerfond aufgießen, die Kräuter und die Pfefferkörner zugeben, alles aufkochen und danach etwa 2 Stunden köcheln lassen, bis sich das Fleisch von den Knochen löst. Das Fleisch herausheben und etwas abkühlen lassen, das Gemüse entfernen und die Flüssigkeit durch ein Sieb gießen und beiseitestellen. Das Fleisch von den Knochen lösen und in den Kühlschrank stellen. Für die Sauce die Kochflüssigkeit auf etwa 375 ml sämig einkochen lassen und dabei immer wieder das Fett an der Oberfläche entfernen. Die fertige Sauce beiseitestellen.

Das Fleisch mit dem gebackenen Ricotta und dem Parmigiano Reggiano in einer Küchenmaschine vermengen, aber nicht zu fein pürieren, damit die Struktur des Fleisches erhalten bleibt. Mit Salz und Pfeffer abschmecken.

Für die Ravioli den Teig zu maximal 1 mm dicken Teigblättern walzen oder ausrollen und jeweils ein Teigblatt mit etwas Wasser bepinseln. Im Abstand von etwa 5 cm jeweils ½ EL von der Kaninchenfüllung auf den Teig geben. Ein zweites Teigblatt darüberlegen und es mit den Fingern um die Füllung so festdrücken, dass die Luft entweicht (sehr wichtig). Mit einem runden Ausstechförmchen (mit einem Durchmesser von 5 – 5,5 cm) runde Ravioli ausschneiden, diese mit etwas feinem Hartweizengrieß bestäuben und auf ein mit Backpapier ausgelegtes Backblech legen.

Die Butter in einer kleinen Pfanne zerlassen und aufschäumen, bis sie braun wird.

Die Ravioli in reichlich sprudelnd kochendem Salzwasser garen und die letzten 15 Sekunden die Dicken Bohnen zugeben (die Bohnen sollten schön knackig bleiben). Beides abtropfen lassen und mit der Kaninchensauce, der braunen Butter und frisch geriebenem Parmesan servieren.

Anmerkung: Die frischen Dicke-Bohnen-Kerne zunächst 30 Sekunden in sprudelnd kochendem Wasser blanchieren, anschließend in Eiswasser abschrecken, abtropfen und die Kerne schließlich aus den Häutchen drücken.

Tortellini di carne alla bolognese con ragù

Fleischtortellini in einer klassischen Bolognesesauce

Für 6 Personen (ergibt etwa 60 Tortellini)

60 g Butter
2 EL extra natives Olivenöl
180 g gehacktes Kalbfleisch
180 g Schweinehack
180 g gekochtes Hühnerfleisch
(z.B. vom Hühnerfondrezept auf
Seite 185), klein gehackt
feines Meersalz nach Geschmack
frisch gemahlener schwarzer Pfeffer
nach Geschmack
180 g klein gehackter Prosciutto
180 g klein gehackte Mortadella
100 ml trockener Weißwein
frisch gemahlene Muskatnuss nach
Geschmack
150 g frisch geriebener Parmigiano
Reggiano, etwas mehr zum Servieren
1 Bio-Ei aus Freilandhaltung
(Gewichtsklasse M)
400 g frischer Eiernudelteig
(Rezept Seite 197)
feiner Hartweizengrieß zum
Bestäuben
500 g Bolognesesauce (Rezept
Seite 194)

In einer großen Schmorpfanne die Butter und das Öl auf mittlerer Stufe erhitzen und das gehackte Schweine-, Kalb-, und Hühnerfleisch braun anbraten. Mit Salz und Pfeffer würzen und so lange weitergaren, bis das Fleisch Röststoffe bildet und trocken wird (nach etwa 10 Minuten). Den Prosciutto und die Mortadella zugeben und weitere 10 Minuten mitgaren, bis die Bratensäfte vollständig verdampft sind. Das Fleisch mit dem Wein ablöschen und weitergaren, bis der Alkohol verdampft ist. Die Pfanne vom Herd nehmen und abkühlen lassen. Erst danach etwas Muskatnuss, den geriebenen Parmigiano Reggiano und das Ei untermischen und mit Salz und Pfeffer abschmecken. Alles noch einmal in der Küchenmaschine vermengen. Als Füllung für die Tortellini benötigen Sie nur die Hälfte der Menge, die andere Hälfte lässt sich problemlos einfrieren.

Für die Tortellini den Teig zu maximal 1 mm dicken Teigblättern walzen oder ausrollen und diese in 4,5 x 4,5 cm große Quadrate schneiden. Die Größe der Tortellini variiert in Bologna und letztlich in ganz Italien erheblich und sollte sich natürlich nach Ihrer persönlichen Vorliebe richten. Jeweils ½ TL von der Fleischfüllung in die Mitte jedes Teigquadrats geben, diese zu einem Dreieck zusammenklappen und mit den Fingern die Ränder so zusammendrücken, dass die Luft entweicht. Da der Teig recht feucht ist, reicht es normalerweise, ihn einfach zusammenzudrücken, falls der Teig jedoch z.B. an einem heißen Tag schnell austrocknet, kann man die Teigränder vorher kurz mit etwas Wasser bepinseln, damit sie besser aneinanderkleben. Anschließend schnell die beiden Ecken des Dreiecks gegeneinanderdrücken, um der Nudel die Form eines kleinen Hutes zu geben. (Ich falte die Ecken dabei um meinen kleinen Finger.) Die fertigen Tortellini mit etwas feinem Hartweizengrieß bestäuben und bis zur weiteren Verwendung nebeneinander auf ein mit Backpapier ausgelegtes Backblech legen. Die Tortellini sollten möglichst erst kurz vor dem Servieren zubereitet werden, lassen sich jedoch auch in einem luftdicht verschließbaren Behältnis einfrieren.

Die Bolognesesauce erwärmen und parallel die Tortellini in reichlich sprudelnd kochendem Salzwasser etwa 10 Minuten garen, bis sie von selbst an die Oberfläche steigen. Die Tortellini abtropfen, in die Sauce geben und nach Geschmack frisch geriebenen Parmesan dazu reichen.

Ravioli di piselli e ricotta con fonduta di gorgonzola e burro fuso

Ravioli gefüllt mit frischen Erbsen in einer Gorgonzolacreme und brauner Butter

Für 6 Personen (ergibt etwa 60 Ravioli)

Meine Restaurants Pendolino und La Rosa Bar & Pizza befinden sich in einem der schönsten Gebäudekomplexe von Sydney – in der Strand Arcade. Es ist die einzige noch erhaltene Einkaufsarkade aus dem viktorianischen Zeitalter mit wunderschönen altmodischen Fassaden, und in den kleinen Läden hat sich ein edler Mix aus Juwelieren, Kunsthandwerk und berühmten australischen Modedesignern angesiedelt. Wir haben in unseren Restaurants bereits eine Menge von Special Events organisiert, die sich großer Beliebtheit erfreuen, darunter auch ein »Meet the designer lunch«, für das ich unter anderem dieses Pastagericht kreiert habe. Die Ravioli waren ein solcher Erfolg, dass sie in regelmäßigen Abständen unter den besonderen Gerichten, die nur zu bestimmten Jahreszeiten angeboten werden, auf den Speisekarten auftauchen.

135 ml Gemüsefond (Rezept Seite 187)
2 EL extra natives Olivenöl
35 g gesalzene Butter in Flöckchen
100 g Butter für die braune Butter-
    sauce
½ Zwiebel, fein gewürfelt
3 Zweige Thymian, Blättchen
    abgezupft
1 Knoblauchzehe, fein gewürfelt
750 g frische Markerbsen in der
    Schote (etwa 260 g ausgepalte
    Erbsenkerne)
165 g frischer Ricotta
90 g frisch geriebener Parmigiano
    Reggiano, etwas mehr zum
    Serviere
feines Meersalz nach Geschmack
frisch gemahlener schwarzer Pfeffer
    nach Geschmack
600 g frischer Eiernudelteig
    (Rezept Seite 197)
feiner Hartweizengrieß zum
    Bestäuben
300 ml flüssige Sahne
150 g Gorgonzola-Käse, klein gehackt

In einem Schmortopf den Gemüsesud aufkochen. Dann den Herd ausschalten. In einer großen Schmorpfanne das Olivenöl und die Butterflöckchen auf kleiner bis mittlerer Stufe erhitzen und die Zwiebel, die Thymianblättchen und den Knoblauch weich dünsten. Die gepalten Erbsenkerne und den Gemüsesud zugeben, die Temperatur erhöhen und alles schnell zum Kochen bringen. Den Topf vom Herd nehmen und alles in einer Küchenmaschine grob pürieren (die Erbsen sollten immer noch etwas Textur haben). Die Erbsenmischung abkühlen lassen, den Ricotta und 65 g frisch geriebenen Parmigiano Reggiano untermischen und mit Salz und Pfeffer abschmecken.

Für die Ravioli den Teig zu maximal 1 mm dicken Teigblättern walzen oder ausrollen und jeweils ein Teigblatt mit etwas Wasser bepinseln. Im Abstand von etwa 5 cm jeweils ½ EL von der Erbsenfüllung auf den Teig geben. Ein zweites Teigblatt darüberlegen und es mit den Fingern um die Füllung so festdrücken, dass die Luft entweicht (sehr wichtig). Mit einem runden Ausstechförmchen mit gezacktem Rand (mit einem Durchmesser von 5–5,5 cm) runde Ravioli ausstechen oder mit einem Teigrad quadratische oder anders geformte Ravioli ausschneiden, diese mit etwas feinem Hartweizengrieß bestäuben und auf ein mit Backpapier ausgelegtes Backblech legen.

Für die Sauce in einem kleinen Stieltopf die Sahne auf mittlerer Stufe um ein Drittel einkochen lassen. Den Gorgonzola und den restlichen Parmigiano Reggiano unterrühren, bis die beiden Käsesorten geschmolzen sind. Diese Sauce möglichst erst kurz vor dem Servieren zubereiten.

Die Butter in einer kleinen Pfanne zerlassen und aufschäumen, bis sie braun wird.

Die Ravioli in reichlich sprudelnd kochendem Salzwasser garen, bis sie an die Oberfläche steigen. Die Ravioli abtropfen lassen und mit der Gorgonzolacreme, der braunen Butter und frisch geriebenem Parmesan servieren.

Ravioli neri ripieni di capesanti con salsetta di crostacei

Schwarze Ravioli mit Jakobsmuscheln in einer reduzierten Krustentiersauce

Für 6 Personen (ergibt etwa 60 Ravioli)

Auch dieses Gericht ist ein Dauerbrenner auf der Speisekarte des Pendolino. Jedes Mal, wenn wir es von der Speisekarte nehmen, müssen wir uns die nächsten 6 Monate die Beschwerden unserer Gäste anhören, die es schmerzlich vermissen. Meine Antwort ist fast immer die gleiche: »Ja, es ist ein tolles Gericht, aber ab und zu müssen wir die Speisekarte halt ändern!« Es ist in der Tat ein tolles Gericht. Wir verwenden dafür Jakobsmuscheln, die das MSC-Siegel tragen (Marine Stewardship Council), mit anderen Worten nachhaltig und umweltbewusst gefischte Muscheln. Der internationale MSC ist eine unabhängige, gemeinnützige Einrichtung, die wir, so gut es geht, unterstützen.

100 ml extra natives Olivenöl, etwas
    mehr zum Beträufeln
400 g Jakobsmuschelfleisch
2 Knoblauchzehen, fein gehackt
100 ml trockener Weißwein
50 g junger Spinat, gedämpft,
    abgetropft, gut ausgedrückt
    und klein gehackt
400 g frischer Ricotta
feines Meersalz nach Geschmack
frisch gemahlener schwarzer Pfeffer
    nach Geschmack
600 g frischer Eiernudelteig
    mit Sepiatinte gefärbt
    (Rezept Seite 209)
feiner Hartweizengrieß zum
    Bestäuben
500 ml Krustentierfond (Rezept
    Seite 189)
100 ml Fischfond (Rezept Seite 186)
2 ½ EL passierte Tomaten
1 EL Crème double
120 g gesalzene Butter, kalt in
    Stücke geschnitten
junge, glatte Petersilie zum Servieren

Für die Füllung in einer Bratpfanne das Olivenöl auf mittlerer Stufe erhitzen und die Jakobsmuscheln und den Knoblauch hineingeben. Sobald die Jakobsmuscheln gar sind, mit dem Weißwein ablöschen, die Muscheln durch ein Sieb abgießen und abkühlen lassen. Die Spinatblätter untermischen und alles in einer Küchenmaschine grob zerkleinern. Den Ricottakäse untermischen, mit Salz und Pfeffer abschmecken und in den Kühlschrank stellen.

Für die Ravioli den Teig zu maximal 1 mm dicken Teigblättern walzen oder ausrollen und jeweils ein Teigblatt mit etwas Wasser bepinseln. Im Abstand von etwa 5 cm jeweils ½ EL von der Füllung auf den Teig geben. Ein zweites Teigblatt darüberlegen und es mit den Fingern um die Füllung so festdrücken, dass die Luft entweicht (sehr wichtig). Mit einem runden Ausstechförmchen mit gewelltem Rand (mit einem Durchmesser von 5 – 5,5 cm) runde Ravioli ausstechen oder mit einem Teigrad quadratische oder anders geformte Ravioli ausschneiden und diese mit etwas feinem Hartweizengrieß bestäuben und auf ein mit Backpapier ausgelegtes Backblech legen.

Für die Sauce den Krustentierfond auf 400 ml einkochen lassen. Den Fischfond und die passierten Tomaten unterrühren, die Sauce kurz aufkochen und mit einem Schneebesen die Crème double einrühren. Den Topf vom Herd nehmen und mit dem Schneebesen die Butter einrühren, um die Sauce etwas zu binden.

Die Ravioli in reichlich sprudelnd kochendem Salzwasser garen, bis sie an die Oberfläche steigen und mit etwas Olivenöl beträufelt und mit den jungen Petersilienblättchen bestreut in der Sauce servieren.

Mezzelune di maiale

Ravioli mit Schweinebauch und Schweinebäckchen
in einer Schweinefleischsauce

Für 6 Personen (ergibt etwa 90 Ravioli)

300 g Schweinebauch, in 2,5 cm
   große Stücke geschnitten
600 g Schweinebäckchen
   (siehe Anmerkung)
3 Knoblauchzehen
3 Zweige Thymian
1 Zweig Rosmarin
6 schwarze Pfefferkörner
1,5 l Hühnerfond
feines Meersalz nach Geschmack
frisch gemahlener schwarzer Pfeffer
   nach Geschmack
2 TL Fenchelsamen
500 ml Rinderfond (Rezept Seite 187)
25 g Prosciutto, sehr fein gehackt
70 g frisch geriebener Parmigiano
   Reggiano, etwas mehr zum
   Servieren
275 g frischer Ricotta
600 g frischer Eiernudelteig
   (Rezept Seite 197)
feiner Hartweizengrieß zum
   Bestäuben

Den Ofen auf 180°C vorheizen. Den Schweinebauch, die Schweinebäckchen, den Knoblauch, den Thymian, den Rosmarin, die Pfefferkörner, den Hühnerfond und etwas Salz und Pfeffer in eine kleine Auflaufform geben und darauf achten, dass das Fleisch von der Brühe bedeckt ist. Die Form luftdicht mit Alufolie abdecken und für 2 Stunden in den Ofen schieben, bis das Fleisch zart ist. Das Fleisch herausheben und mit einem mit der Kochflüssigkeit getränkten Geschirrhandtuch bedecken. Sobald das Fleisch etwas abgekühlt ist, kann es bis zur weiteren Verwendung in den Kühlschrank gestellt werden. Die restliche Kochflüssigkeit durch ein Sieb in eine mittelgroße Kasserolle gießen und die Fenchelsamen und den Rinderfond zugeben. Die Flüssigkeit auf 375 ml einkochen und dabei regelmäßig das Fett von der Oberfläche abschöpfen. Dies dauert ungefähr 1,5 – 2 Stunden. Die fertige Sauce anschließend beiseite stellen.

Für die Füllung den kalten Schweinebauch durch den Fleischwolf drehen. Die Schweinebäckchen in der Küchenmaschine zerkleinern und beiseitestellen. In einer großen Schüssel den klein gehackten Schweinebauch mit dem Prosciutto, dem Parmigiano Reggiano und dem Ricotta mischen und mit Salz und Pfeffer abschmecken.

Für die Mezzelune den Teig zu maximal 1 mm dünnen Teigblättern walzen oder ausrollen und daraus 6 cm große Kreise ausstechen. Jeweils 1 TL von der Füllung auf eine Hälfte des Kreises geben und die andere Hälfte so darüberklappen, dass halbmondförmige Ravioli entstehen. Die Ränder fest zusammendrücken, damit möglichst viel Luft entweicht. Die Kanten eventuell mit einem etwas kleineren Ausstechförmchen sauber nachschneiden. Mit etwas Hartweizengrieß bestäubt nebeneinander auf ein mit Backpapier ausgelegtes Backblech legen.

Die zerkleinerten Schweinebäckchen in der reduzierten Sauce erwärmen und die Mezzelune in reichlich sprudelnd kochendem Salzwasser garen. Die gefüllten Nudeln abgießen und mit der Sauce und frisch geriebenem Parmesan servieren.

Anmerkung: Die Schweinebäckchen können Sie bereits fertig vorbereitet (vom Fett befreit) bei Ihrem Metzger bestellen.

Tortelli di zucca con amaretti e pistacchi

Kürbistortelli mit Pistazien, Amaretti, Parmigiano Reggiano und brauner Butter

Für 6 Personen (ergibt etwa 36 Tortelli)

300 g Butternusskürbis

1 Knoblauchzehe, ungeschält

150 g frischer Ricotta

25 g Senffrüchte, entkernt (siehe Anmerkung)

40 g frisch geriebener Parmigiano Reggiano, etwas mehr zum Servieren

feines Meersalz nach Geschmack

frisch gemahlener schwarzer Pfeffer nach Geschmack

600 g frischer Eiernudelteig (Rezept Seite 197)

feiner Hartweizengrieß zum Bestäuben

150 g gesalzene Butter in Flöckchen

50 Pistazien, geröstet und grob zerstoßen

2 Amaretti, zerkrümelt auf die Größe mittelfeiner Semmelbrösel (da die Kekse sehr süß sind, sollte man die Menge dem persönlichen Geschmack anpassen)

Anmerkung: Senffrüchte sind eine italienische Spezialität, bei der verschiedene Früchte in einen zähflüssigen Mostardsirup (Zucker und Senföl) eingelegt werden.

Den Ofen auf 130 °C vorheizen. Den Kürbis schälen, die Kerne entfernen und das Fleisch in etwa 3 cm große Stücke schneiden. Die Kürbisstücke mit dem Knoblauch auf ein Backblech legen und mit Alufolie abgedeckt 45 Minuten im Ofen backen. Anschließend die Alufolie entfernen und den Kürbis etwa 30–45 Minuten weiterbacken, bis er weich ist. Die Kürbisstücke abtropfen lassen und zum Abkühlen in den Kühlschrank stellen. Die Flüssigkeit weggießen.

Den kalten Kürbis ausdrücken und mit dem abgezogenen gerösteten Knoblauch, dem Ricotta, den Senffrüchten, dem Parmigiano Reggiano und etwas Salz und Pfeffer in einer Küchenmaschine pürieren.

Den Nudelteig zu maximal 1 mm dünnen Teigblättern ausrollen oder walzen und diese anschließend in etwa 9 x 9 cm große Quadrate teilen. Jeweils 1 gehäuften TL von der Kürbisfüllung auf jedes Quadrat geben, diese über Eck zu einem Dreieck zusammenklappen und mit den Fingern die Ränder so zusammendrücken, dass die Luft entweicht. Da der Teig recht feucht ist, reicht es normalerweise, ihn einfach zusammenzudrücken, falls der Teig jedoch z.B. an einem heißen Tag schnell austrocknet, kann man die Teigränder vorher kurz mit etwas Wasser bepinseln, damit sie besser aneinanderkleben. Anschließend schnell die beiden Ecken des Dreiecks gegeneinander drücken, um der Nudel die Form eines kleines Hutes zu geben. (Ich falte die Ecken dabei um meinen kleinen Finger.) Die fertigen Tortelli mit etwas feinem Hartweizengrieß bestäuben und bis zur weiteren Verwendung nebeneinander auf ein mit Backpapier ausgelegtes Backblech legen. Die Nudeln sollten möglichst erst kurz vor dem Servieren zubereitet werden, lassen sich jedoch auch in einem luftdicht verschließbaren Behältnis einfrieren.

Die Butter in einem Stieltopf zerlassen und aufschäumen, bis sie braun wird.

Die Tortelli in reichlich sprudelnd kochendem Salzwasser garen, bis sie an die Oberfläche steigen. Die Nudeln abtropfen lassen und mit den zerstoßenen Pistazien und den zerkrümelten Amaretti bestreut servieren. Den frisch geriebenem Parmigiano Reggiano und die braune Butter dazu reichen.

Ravioli di agnello e animelle con asparagi bianchi e verdi

Ravioli mit Lamm und Lammbries in einer Sauce aus weißem und grünem Spargel

Für 6 Personen (ergibt etwa 90 Ravioli)

1 kg Lammhaxe
feines Meersalz nach Geschmack
Weizenmehl, Type 405, zum
    Bestäuben
45 g Butter
2 EL extra natives Olivenöl
300 g Lammbries
1 Zwiebel, grob gehackt
1 Stange Staudensellerie, grob gehackt
1 Möhre, grob gehackt
1 Lorbeerblatt
1 TL Zitronensaft
1 TL Weißweinessig
1 Knoblauchzehe, abgezogen
100 ml trockener Rotwein
1 Zweig Thymian
1 Zweig Rosmarin
2,3 l Hühnerfond (Rezept Seite 185)
100 g frisch geriebener Parmigiano
    Reggiano
600 g frischer Eiernudelteig
    (Rezept Seite 197)
feiner Hartweizengrieß zum
    Bestäuben
3 grüne Spargelstangen, diagonal in
    2 mm dünne Scheiben gehobelt
3 weiße Spargelstangen, geschält und
    diagonal in 2 mm dünne Scheiben
    gehobelt

Das Lammfleisch mit Salz und Pfeffer einreiben und mit Mehl bestäuben. Überschüssiges Mehl abschütteln und die Fleischstücke in 25 g Butter und 1 EL Olivenöl auf mittlerer Stufe braun anbraten. Das angebratene Fleisch anschließend beiseitestellen.

Das Lammbries, die Hälfte der Zwiebel, des Selleries und der Möhre, sowie das Lorbeerblatt, den Zitronensaft, den Essig und den Knoblauch in eine kleine Kasserolle geben, mit Salz und Pfeffer würzen und alles mit Wasser bedecken. Das Wasser aufkochen, die Temperatur etwas reduzieren und alles 2 Minuten köcheln lassen. Den Topf vom Herd nehmen und das Lammbries in fließend kaltem Wasser abkühlen, die Garflüssigkeit und das Gemüse entfernen.

Das Lammbries häuten, eventuelles Fett entfernen und das Bries in kleine Würfel schneiden. Die Hälfte der Würfel in 10 g Butter und ½ EL Olivenöl auf mittlerer Stufe dünsten, bis sie durch und durch gar sind. Die Lammbrieswürfel abkühlen lassen und beiseitestellen.

Für die Füllung das restliche Gemüse in dem Topf, in dem die Fleischstücke angebraten wurden, anbraten und mit dem Rotwein ablöschen. Den Wein auf die Hälfte einkochen lassen, dann die Fleischstücke, den Thymian und den Rosmarin zugeben und mit dem Hühnerfond auffüllen. Alles kurz aufkochen und danach etwa 2 – 2,5 Stunden sanft köcheln lassen, bis sich das Fleisch von den Knochen löst.

Knochen, Knorpel und die Hälfte des Fetts entfernen und das Fleisch, das restliche Fett und das gegarte Lammbries in einer Küchenmaschine sehr fein zermahlen. Anschließend den Parmigiano Reggiano untermischen.

Die Garflüssigkeit des Fleisches zu einer Sauce einkochen lassen und dabei immer wieder das Fett von der Oberfläche abschöpfen. Am Ende sollten etwa 375 ml übrig bleiben. Die fertige Sauce durch ein Sieb abgießen und beiseitestellen.

Für die Ravioli den Teig zu maximal 1 mm dünnen Teigblättern walzen oder ausrollen und daraus 6 cm große Kreise ausstechen. Jeweils 1 TL Fleischfüllung auf eine Hälfte des Kreises geben und die andere Hälfte so darüberklappen, dass halbmondförmige Ravioli entstehen. Die Ränder so fest zusammendrücken, dass dabei die Luft entweicht. Die Kanten eventuell mit einem etwas kleineren Ausstechförmchen sauber nachschneiden. Die Ravioli mit etwas Hartweizengrieß bestäubt nebeneinander auf ein mit Backpapier ausgelegtes Backblech legen. Das restliche Lammbries in den verbleibenden 10 g Butter und ½ EL Olivenöl goldbraun und kross braten.

Die Ravioli und die Spargelscheiben in reichlich sprudelnd kochendem Salzwasser garen, bis sie an die Oberfläche steigen. Mit dem kross gebratenen Lammbries und der Sauce servieren.

Agnolotti di gamberi con salsetta di pomodoro e olive

Garnelenagnolotti in einer Sauce von Tomaten, Oliven und Garnelen

Für 6 Personen (ergibt etwa 60 Ravioli)

½ Tasse extra natives Olivenöl
300 g Garnelenfleisch
1 ½ Knoblauchzehen, klein gehackt
80 ml trockener Weißwein
40 g junger Spinat, gedämpft,
    abgetropft, gut ausgedrückt und
    klein gehackt
300 g frischer Ricotta
feines Meersalz nach Geschmack
frisch gemahlener schwarzer Pfeffer
    nach Geschmack
600 g frischer Eiernudelteig
    (Rezept Seite 197)
feiner Hartweizengrieß zum
    Bestäuben
glatte Petersilie, klein gehackt,
    zum Servieren

FÜR DIE SAUCE

½ Tasse extra natives Olivenöl
250 g Garnelenfleisch, klein gehackt
250 g Zwiebeln, fein gewürfelt
25 g Knoblauchzehen, fein gewürfelt
2 ½ EL Weißwein
350 g passierte Tomaten
25 g getrocknete schwarze Oliven,
    entkernt und in dünne Scheiben
    geschnitten
1 TL Garum (fermentierte
    Fischsauce)

In einem Schmortopf das Olivenöl auf mittlerer Stufe erhitzen und das Garnelenfleisch und den Knoblauch darin dünsten, bis das Fleisch gar ist. Mit dem Weißwein ablöschen und so lange weitergaren, bis der Wein und das Öl um ein Drittel eingekocht sind. Etwas abkühlen lassen und dann alles in einem Sieb abtropfen lassen, den Spinat zufügen und in einer Küchenmaschine grob zerkleinern. Den Ricotta unterrühren, mit Salz und Pfeffer abschmecken und bis zur weiteren Verwendung in den Kühlschrank stellen.

Für die Ravioli den Teig zu maximal 1 mm dicken Teigblättern walzen oder ausrollen und jeweils ein Teigblatt mit etwas Wasser bepinseln. Im Abstand von etwa 5 cm jeweils ½ EL von der Garnelenfüllung auf den Teig geben. Ein zweites Teigblatt darüberlegen und es mit den Fingern um die Füllung so festdrücken, dass die Luft entweicht (sehr wichtig). Mit einem gewellten Teigrad viereckige Ravioli ausschneiden (oder die Form, die Ihnen am besten gefällt), die Ravioli mit etwas feinem Hartweizengrieß bestäuben und auf ein mit Backpapier ausgelegtes Backblech legen.

Für die Sauce das Olivenöl in einer großen Kasserolle auf mittlerer Stufe erhitzen und das Garnelenfleisch, die Zwiebeln und den Knoblauch so lange dünsten, bis letztere glasig sind. Mit dem Weißwein ablöschen und auf die Hälfte einkochen lassen. Die passierten Tomaten, die Oliven und die Fischsauce unterrühren und 20 Minuten sanft köcheln lassen.

Zum Servieren die Ravioli in reichlich kochendem Salzwasser garen, bis sie an die Oberfläche steigen. Die Sauce erneut erwärmen und die Ravioli jeweils auf einem Spiegel aus Sauce anrichten.

Pasta al Forno

Dal conte al contadino

Vom Grafen bis zur Landbevölkerung

Im Ofen gebackene Nudeln sind die perfekte Versinn-
bildlichung italienischer Küche. Auf der einen Seite
wurden die entsprechenden Rezepte aus der Not heraus
geboren, denn in Zeiten feudaler Herrschaft brauchte
man für die *contadini* (Landarbeiter, Bauern) während
der Arbeitsstunden eine transportable Mahlzeit, und für
die im Ofen in einer Form gebackenen Nudelgerichte be-
nötigte man nicht mal zusätzliches Geschirr. Das Gericht
Vincisgrassi aus den Marken, das seit 1700 existiert, ist
ein gutes Beispiel dafür. Neben den Hauptbestandteilen
Hühnerleber und Pilzen variierten die Zutaten je nach
Jahreszeit und Verfügbarkeit, aber stets war es sättigend,
schmeckte überaus aromatisch und ließ sich ganz einfach in einer Form backen.

Auf der anderen Seite wird Pasta aus dem Ofen in
Italien häufig zu wichtigen Festen und besonderen Gele-
genheiten zubereitet. Lasagne wird zum Beispiel in ganz
Italien an hohen Feiertagen wie Weihnachten gegessen
und die neapolitanische *Lasagne di carnevale* ist ein gutes
Beispiel dafür, wie gut sich Kultur, Küche und Reli-
gion verbinden lassen. Diese mit einer Unmenge Fleisch
zubereitete Speise verkörpert den letzten kulinarischen
Genuss vor dem Beginn der Fastenzeit.

Zu Hause serviere ich häufig Pastagerichte aus dem
Ofen, wenn ich viele Gäste eingeladen habe, da es stets
beeindruckend aussieht und sich gut im Voraus zubereiten lässt. In diesem Kapitel habe ich so unterschied-
liche gebackene Nudelgerichte aufgelistet, dass sicherlich
für jeden Anspruch und jeden Geschmack etwas dabei
ist, von wunderbaren Gerichten auf Fleischbasis wie
das bereits erwähnte *Vincisgrassi* oder meiner Leibspeise
Lasagne millefoglie oder einer ganzen Bandbreite von
Nudelgerichten mit Gemüse. Ich habe sogar die *Gnocchi alla romana* mit dem in Rotwein geschmorten Lamm
aufgenommen, denn die im Ofen gebackene Pasta bildet
hier eine köstliche Beilage zu der ansonsten sehr pro-
teinlastigen Speise.

Buon appetito!

Gnocchi alla sorrentina al forno

Gebackene Gnocchi mit Tomatensauce, Basilikum und Büffelmozzarella

Für 6 Personen

350 ml neapolitanische Tomatensauce
  (Rezept Seite 190)
6 Blättchen Basilikum
feines Meersalz nach Geschmack
frisch gemahlener schwarzer Pfeffer
  nach Geschmack
600 g Kartoffelgnocchi (Rezept
  Seite 212)
200 g frischer Mozzarella di Bufala,
  in sehr kleine Würfel geschnitten
100 g frisch geriebener Parmigiano
  Reggiano

Den Ofen auf 180 °C vorheizen. Die Sauce erwärmen, die Basilikumblättchen hineingeben und mit Salz und Pfeffer abschmecken. Die Gnocchi in reichlich sprudelnd kochendem Salzwasser garen, bis sie an die Oberfläche steigen und dann abschöpfen und abtropfen lassen. Die Gnocchi in die Sauce geben und beides in eine zuvor gefettete Backform oder in einzelne Backförmchen füllen. Den Mozzarella und den Parmesan darüberstreuen und etwa 20 Minuten im Ofen backen, bis der Käse goldbraun zerlaufen ist.

Vincisgrassi

Lasagne mit Hühnerleber, Champignons und Trüffel aus den Marken

Für 6 Personen

Ein typisches Gericht aus den Marken, das im Pendolino geradezu Kultstatus erreicht hat. Es ist absolut unmöglich, es von der Speisekarte zu nehmen, und das bei einem Gericht, das mit Innereien zubereitet wird. Wie alle im Ofen gebackenen Pastagerichte kann man es auch mit getrockneten Nudelblättern zubereiten, mit frischem Nudelteig schmeckt es jedoch viel besser. Dank der frischen Trüffeln wird diese Lasagne zu einem ganz außergewöhnlichen Gericht, und in der Pilzsaison sollte man es statt mit Portobello-Champignons mit Steinpilzen zubereiten. Frische Steinpilze sind für mich die absoluten Könige unter den Pilzen und verleihen dieser Lasagne nicht nur ein einzigartiges Aroma, sondern auch eine ganz andere Konsistenz.

100 ml extra natives Olivenöl

400 g Hühnerlebern, gesäubert und klein gehackt

feines Meersalz nach Geschmack

frisch gemahlener schwarzer Pfeffer nach Geschmack

50 g Butter

1 Zwiebel, fein gewürfelt

1 Möhre, fein gewürfelt

½ Stange Staudensellerie, fein gewürfelt

1 Knoblauchzehe, fein gewürfelt

1 Zweig Rosmarin, Nadeln abgezupft

1 TL getrockneter Oregano

600 g Champignons, in Scheiben geschnitten

400 ml trockener Rotwein

400 ml passierte Tomaten

25 g frische Trüffel, hauchdünn gehobelt (siehe Anmerkung)

750 ml Bechamelsauce (Rezept Seite 193)

300 g frischer Eiernudelteig (Rezept Seite 197), in maximal 1 mm dünne Teigblätter gewalzt und in Rechtecke von 8 x 17 cm geschnitten

150 g frisch geriebener Parmigiano Reggiano

Den Ofen auf 180 °C vorheizen. In einer großen Pfanne die Hälfte des Olivenöls stark erhitzen. Die Hühnerlebern darin braten. Anschließend die Lebern aus der Pfanne nehmen, mit Salz und Pfeffer würzen und beiseitestellen. In einem großen Schmortopf die Butter und das restliche Olivenöl auf mittlerer Stufe erhitzen und das Gemüse, den Knoblauch und die Kräuter dünsten, bis die Zwiebel und der Knoblauch glasig sind. Die Pilze zugeben und braten, bis die Flüssigkeit verdampft ist. Den Rotwein zugießen und auf die Hälfte einkochen lassen. Die passierten Tomaten zugeben und 10 Minuten köcheln lassen. Die gebratenen Hühnerlebern und das Trüffelöl (sollten Sie keine frische Trüffel verwenden) untermischen, erneut abschmecken und dann als Füllung beiseitestellen.

Für die Lasagne eine 24 x 20 x 5 cm große Auflaufform einfetten und 150 ml Bechamelsauce für den Abschluss beiseitestellen. Etwas von der Leberfüllung in die Form geben, glatt streichen und mit Nudelteigblättern abdecken. Ein weiteres Viertel Hühnerleberfüllung darauf verteilen und ein Viertel von der verbleibenden Bechamelsauce darübergeben. Ein paar hauchdünne Trüffelhobel auf der Bechamelsauce verteilen (falls Sie kein Trüffelöl verwendet haben) und diesen Vorgang dreimal wiederholen. Die letzte Lage Nudeln mit der beiseitegestellten Bechamelsauce bestreichen und den geriebenen Parmesan und noch ein paar Trüffelhobel darüberstreuen. Die Lasagne etwa 20–30 Minuten im Ofen backen, bis der Käse goldbraun ist. Heiß servieren oder später noch einmal aufwärmen.

Anmerkung: Anstelle frischer Trüffeln kann man auch 2 TL weißes Trüffelöl verwenden und die Lasagne vor dem Servieren zusätzlich nochmals mit etwas Trüffelöl beträufeln.

Gnocchi alla romana con brasato di agnello all'aglianico e scorzanera

Römische Gnocchi aus dem Ofen mit Lammnacken in Aglianico-Rotwein und Schwarzwurzeln

Für 6 Personen

Außerhalb von Rom sorgt der Name »römische Gnocchi« häufig für Verwirrung, denn für die meisten Menschen sind Gnocchi einfach frische kleine Nudelklöße aus gekochten Kartoffeln, Eiern und Mehl. »Gnocchi« ist jedoch nur der Oberbegriff für zahlreiche verschiedene Nudelvariationen, so sehen die sardischen Gnocchi zwar aus wie die klassischen Gnocchi, sind jedoch getrocknet und enthalten keine Kartoffeln. Daneben gibt es z.B. auch die *Gnocchi di susine* (Rezept Seite 165), die zum Dessert gegessen werden und wieder ganz anders zubereitet werden.

Die *Gnocchi alla romana* ähneln eher einer Polenta, wobei man wissen muss, dass Polenta früher aus Weizenmehl hergestellt wurde, bevor der Mais aus Amerika nach Europa kam. Sie sind überaus vielseitig und schmecken wunderbar als Hauptgericht mit geschmolzenem Parmesan oder als Beilage zu Fleischgerichten. Ich habe sie daher fast immer auf der Speisekarte, denn zu Schmorgerichten wie diesem in Aglianico-Rotwein geschmorten Lamm schmecken sie einfach fantastisch.

FÜR DIE GNOCCHI
560 ml Vollmilch
75 g gesalzene Butter in Flöckchen
feines Meersalz nach Geschmack
150 g feiner Hartweizengrieß
2 Eigelb von Bio-Eiern aus
*   Freilandhaltung*
75 g frisch geriebener Parmigiano
*   Reggiano, etwas mehr zum*
*   Servieren*

FÜR SCHWARZWURZELN
etwa 400 g Schwarzwurzeln
2 ½ EL extra natives Olivenöl
50 g Butter
feines Meersalz nach Geschmack
frisch gemahlener schwarzer Pfeffer
*   nach Geschmack*

Für die Gnocchi die Milch in einem Schmortopf aufkochen und dann die Butter und eine Prise Salz zufügen. Unter ständigem Rühren den Grieß langsam hineinrieseln lassen und auf kleiner Stufe 15 Minuten köcheln lassen. Alles etwas abkühlen lassen und dann die Eigelbe und den geriebenen Parmesan untermischen.

Die Mischung als eine etwa 3 cm dicke Schicht in eine gefettete Auflaufform füllen, auf Raumtemperatur abkühlen lassen und im Kühlschrank fest werden lassen. Die feste Masse in die gewünschte Form schneiden, z. B. 5 cm große Kreise oder Würfel und diese in eine große, gefettete, ofenfeste Form geben und mit Parmesan bestreuen.

Für die karamellisierten Schwarzwurzeln die Schwarzwurzeln schälen, gründlich waschen und in 10 cm lange Stücke schneiden. (Dabei am besten Küchenhandschuhe tragen.) Die Schwarzwurzeln sofort in kochendem Salzwasser blanchieren, bis sie halbgar sind, danach in Eiswasser abschrecken und in einer Schüssel mit dem Olivenöl, der Butter und etwas Salz und Pfeffer mischen. Die Schwarzwurzeln in eine Auflaufform umfüllen und beiseitestellen.

FÜR DAS GESCHMORTE LAMM

1,5 kg Lammnacken ohne Knochen

feines Meersalz nach Geschmack

frisch gemahlener schwarzer Pfeffer
   nach Geschmack

100 ml extra natives Olivenöl

1 Möhre, in 1 cm große Würfel
   geschnitten

1 Stange Staudensellerie, in 1 cm
   große Würfel geschnitten

1 Zwiebel, in 1 cm große Würfel
   geschnitten

1 EL Tomatenmark

600 ml Aglianico-Rotwein (oder
   z.B. Sangiovese, Nebbiolo oder
   Cabernet Sauvignon)

4 Knoblauchzehen

10 g getrocknete Steinpilze,
   2 x in heißem Wasser gewaschen
   und abgetropft

500 ml Hühnerfond (Rezept
   Seite 185) oder Rinderfond
   (Rezept Seite 187)

1 Zweig Thymian

1 Zweig Rosmarin

1 Lorbeerblatt

ein paar Stengel glatte Petersilie

Für das geschmorte Lamm die Fleischstücke parieren, allerdings etwas Fett am Fleisch lassen. Das Fleisch mit Salz und Pfeffer würzen und in einem großen Schmortopf in Olivenöl anbraten. Das Fleisch entnehmen und im gleichen Topf das Gemüse anbraten. Das Tomatenmark untermischen und mit dem Rotwein ablöschen. Den Rotwein so lange reduzieren, bis der Alkohol vollständig verdampft ist. Das Lamm mit den restlichen Zutaten zurück in den Topf geben. Alles kurz aufkochen und anschließend 1,5 – 2 Stunden sanft garen, bis das Fleisch auseinanderfällt. Das Fleisch sollte während der gesamten Garzeit von der Flüssigkeit bedeckt sein. Den Topf eventuell mit einer Cartouche aus Backpapier abdecken (siehe Anmerkung Seite 78). Anschließend das Fleisch herausheben und die Sauce so lange weiter einkochen, bis sie die gewünschte Konsistenz und das entsprechende Aroma hat, jedoch aufpassen, dass die Sauce nicht zu stark reduziert wird, da ihr Geschmack sonst alles andere überlagert. Das Fleisch zurück in die Sauce geben, langsam wieder erwärmen und abschmecken.

In der Zwischenzeit den Ofen auf 180 °C vorheizen und sowohl die Gnocchi als auch die Schwarzwurzeln etwa 20 Minuten im Ofen backen. (Eventuell haben sie nicht exakt die gleiche Backzeit.) Das Lamm mit den überbackenen Gnocchi und den karamellisierten Schwarzwurzeln servieren.

Pizzoccheri al forno

Überbackene Buchweizennudeln mit Wirsing und Fontina-Käse

Für 6 Personen

3 große festkochende Kartoffeln, ungeschält

100 ml extra natives Olivenöl

2 Stangen Lauch, in 1 cm große Würfel geschnitten

6 Knoblauchzehen

150 g Wirsing, in 3 cm große Stücke geschnitten

6 Blättchen Salbei

feines Meersalz nach Geschmack

frisch gemahlener schwarzer Pfeffer nach Geschmack

450 g frische Buchweizennudeln (Rezept Seite 203)

150 g Fontina-Käse, klein gehackt

250 g frisch geriebener Parmigiano Reggiano, etwas mehr Käse zum Servieren (optional)

Den Ofen auf 180 °C vorheizen. Die Kartoffeln waschen, gründlich abbürsten und kochen, bis sie fast gar sind. Danach die Kartoffeln abtropfen und abkühlen lassen und ungeschält mit einem geriffelten Messer in Scheiben schneiden. Die Kartoffelscheiben beiseitestellen.

In einem großen Schmortopf das Olivenöl erhitzen und den Lauch, den Knoblauch, den Wirsing und die Salbeiblätter weich dünsten. Mit Salz und Pfeffer würzen und beiseitestellen.

Die Nudeln in reichlich sprudelnd kochendem Salzwasser nicht ganz *al dente* kochen, abgießen und unter die Wirsingmischung heben.

Eine ofenfeste, 24 x 20 x 5 cm große Auflaufform einfetten und die Zutaten in Schichten wie bei einer Lasagne hineinfüllen. Zunächst die Hälfte der Nudel-Wirsing-Mischung hineingeben, dann mit der Hälfte der Kartoffelscheiben abdecken und die restliche Pastamischung darauf verteilen. Wiederum mit den verbliebenen Kartoffelscheiben abdecken und mit dem Fontina-Käse und dem Parmesan bestreuen.

Den Auflauf ungefähr 25 Minuten im Ofen backen, bis der Käse goldbraun ist. Auf Wunsch beim Servieren frisch geriebenen Parmesan dazu reichen.

Pasta e patate al forno con scamorza

Überbackene Penne mit Kartoffeln und Scamorza-Käse

Für 6 Personen

50 g Butter

2 ½ EL extra natives Olivenöl

1 mittelgroße Zwiebel, gewürfelt

100 g Pancetta, klein gehackt

2 Blättchen Salbei

2 Zweige Oregano

500 ml passierte Tomaten

400 g getrocknete Penne

300 g Kartoffeln, in Würfel von 1 cm
    Kantenlänge geschnitten und in
    kaltem Wasser beiseitegestellt

350 g Scamorza-Käse, in dünne
    Scheiben geschnitten

200 g frischer Ricotta

feines Meersalz nach Geschmack

frisch gemahlener schwarzer Pfeffer
    nach Geschmack

250 g frisch geriebener Parmigiano
    Reggiano

Den Ofen auf 180 °C vorheizen. In einer kleinen Kasserolle die Butter und das Olivenöl auf mittlerer Stufe erhitzen und die Zwiebel, den Pancetta, die Salbeiblätter und den Oregano dünsten, bis die Zwiebel weich ist. Die passierten Tomaten zugeben und 15 Minuten köcheln lassen, danach den Topf vom Herd nehmen und beiseitestellen. Die Pasta in reichlich sprudelnd kochendem Salzwasser nicht ganz *al dente* kochen, abgießen und mit der Tomatensauce mischen. Die Kartoffeln kochen, bis sie gerade gar sind.

In einer gefetteten 24 x 20 x 5 cm großen Auflaufform die Zutaten wie bei einer Lasagne schichten. Zunächst die Hälfte der Nudeln mit der Sauce auf dem Boden der Form verteilen und diese mit der Hälfte der Scamorza-Käsescheiben und dem Ricotta abdecken. Jede Schicht mit etwas Salz und Pfeffer würzen. Die restlichen Nudeln darauf verteilen und mit den Kartoffeln und dann mit dem restlichen Scamorza-Käse abdecken. Mit frisch geriebenem Parmesan bestreut 15–20 Minuten im Ofen backen, bis der Käse goldbraun ist.

Lasagne millefoglie

Tausend-Schichten-Lasagne

Für 6 Personen

750 ml Bechamelsauce (Rezept Seite 193)
300 g frischer Eiernudelteig (Rezept Seite 197), zu maximal 1 mm dünnen Teigblättern ausgewalzt und in Rechtecke von 8 x 16 cm geschnitten
650 g Bolognesesauce (Rezept Seite 194)
300 g frisch geriebener Parmigiano Reggiano
frisch geriebene Muskatnuss nach Geschmack

Den Ofen auf 180 °C vorheizen und eine ofenfeste, 24 x 20 x 5 cm große Auflaufform einfetten. 150 ml Bechamelsauce beiseitestellen und den Boden der Form mit einem Teil der restlichen Bechamelsauce bestreichen. Mit ein paar Nudelteigblättern abdecken, darauf ein Viertel der Bolognesesauce verteilen und ein Viertel der restlichen Bechamelsauce. Etwas frisch geriebenen Parmesan darüberstreuen. Diesen Vorgang dreimal wiederholen. Die letzte Nudelschicht mit der beiseitegestellten Bechamelsauce bestreichen, nach Geschmack etwas Muskatnuss darüberreiben und den restlichen geriebenen Parmesan darauf verteilen. Die Lasagne etwa 50–60 Minuten im Ofen backen, bis der Käse goldbraun ist.

Rotolo di cavolfiore e ricotta

Nudelschnecken mit gebratenem Blumenkohl und Ricotta

Für 6 Personen

2 ½ EL extra natives Olivenöl
500 g Blumenkohl, in sehr kleine
Röschen geteilt und blanchiert
1 Knoblauchzehe, fein gewürfelt
250 g frischer Eiernudelteig (Rezept
Seite 197), in 2 Kugeln geteilt
und beiseitegestellt
400 g frischer Ricotta
30 g glatte Petersilie, grob zerhackt
100 g Gruyère-Käse, grob gerieben
50 g gesalzene Butter in Flöckchen
40 g frisch geriebener Parmigiano
Reggiano, etwas mehr zum
Servieren
etwas Trüffel, hauchdünn gehobelt,
nach Geschmack (optional)

In einer großen Pfanne das Öl auf mittlerer Stufe erhitzen. Darin den Blumenkohl mit dem Knoblauch braten, bis beides etwas Farbe bekommt. Danach die Pfanne zum Abkühlen beiseitestellen.

Für die Pasta die beiden Teigkugeln 1 mm dünn ausrollen (siehe Anmerkung), um zwei 75 x 14 cm große Teigblätter zu erhalten. Diese Teigblätter waagerecht in 3 Teile schneiden. 3 dieser Teigstücke auf ein Passiertuch bzw. Käsetuch legen (Musselingewebe), sodass sie sich jeweils um einen Zentimeter überlappen (mit etwas Wasser bepinseln, damit sie dort gut aneinander haften) und zusammen eine 40 x 25 cm große Fläche bilden. Die verbleibenden 3 Teigblätter auf die gleiche Weise darüberlegen. Den Ricotta gleichmäßig über den Nudelteig zerkrümeln, danach mit den Petersilienblättchen bestreuen, den Gruyère und schließlich die Blumenkohlmischung darauf verteilen. An den kurzen Seiten je 5 cm und an den langen Seiten je 3 cm frei lassen. Den Teig von der langen Seite angefangen eng einrollen und am Ende mit etwas Wasser bepinseln, damit die Rolle zusammenhält. Die kurzen Seiten nach innen einklappen. Die Teigrolle eng in das Passiertuch einwickeln und die Enden mit etwas Küchengarn zubinden. Die Teigrolle in einen länglichen Locheinsatz (z.B. für Fisch) legen und etwa 30 Minuten in kochendem Wasser garen. Die Rolle eventuell mit einem Gewicht nach unten drücken und nach der Hälfte der Garzeit einmal wenden. Anschließend die Rolle aus dem Wasser heben und etwas abkühlen lassen.

Den Ofen auf 180 °C vorheizen, die Rolle aus dem Tuch wickeln und in 2–3 cm dicke Scheiben schneiden. Die kleinen Schnecken auf ein gefettetes Backblech legen, Butterflöckchen und geriebenen Parmesan darübergeben und etwa 15–20 Minuten im Ofen backen, bis der Käse etwas Farbe angenommen hat. Sofort servieren und dafür das Fett vom Backblech darüberträufeln und nach Geschmack mit geriebenem Parmesan und Trüffelhobeln bestreuen.

Anmerkung: Der Teig muss für dieses Gericht wirklich dünn ausgerollt werden, sonst wird die Pastarolle in der Mitte nicht gar. Ist der Teig jedoch zu dünn, kann die Rolle leicht reißen und auseinanderfallen.

Maccheroni al forno con gorgonzola dolce e prosciutto

Im Ofen überbackene Makkaroni mit Gorgonzola dolce und Prosciutto

Für 6 Personen

500 g kurze Makkaroni
850 ml Bechamelsauce (Rezept
Seite 193)
feines Meersalz nach Geschmack
frisch gemahlener weißer Pfeffer
nach Geschmack
200 g Prosciutto San Daniele, in
dünne Scheiben geschnitten
100 g Emmentaler-Käse, in dünne
Scheiben geschnitten
200 g Gorgonzola dolce, zerkrümelt
100 g Parmigiano Reggiano, frisch
gerieben

Den Ofen auf 180 °C vorheizen. Die Nudeln in reichlich sprudelnd kochendem Salzwasser nicht ganz *al dente* kochen. Die Nudeln abgießen, mit 700 ml Bechamelsauce mischen, mit Salz und weißem Pfeffer abschmecken (jedoch daran denken, dass die restlichen Zutaten recht salzig sind) und beiseitestellen.

Eine 24 x 20 x 5 cm große Auflaufform einfetten und die Zutaten wie bei einer Lasagne schichten. Zunächst die Hälfte der Nudeln mit der Bechamelsauce in die Form geben und die Hälfte des Prosciutto und des Emmentalers darauf verteilen. Danach die restliche Nudelmischung in die Form füllen und den restlichen Prosciutto und den Gorgonzola darauf verteilen. Zum Abschluss die verbleibende Bechamelsauce darüberstreichen und mit frisch geriebenem Parmesan bestreuen. Die Makkaroni etwa 25–30 Minuten im Ofen überbacken, bis der Käse goldbraun ist.

Pasta in Zuppa

Dove l'orto era protagonista

Wo dem Gemüsegarten eine bedeutende Rolle zukommt

Italien ist ein Land der Kontraste, eine lebendige Verbindung von Edlem und Rustikalem. In der italienischen Küche existiert beides in Vollendung und häufig sogar als gelungene Liaison. Ich sage oft, dass es keinem anderen Volk so gut gelingt, mit einem Fuß in einem Gartenstiefel und dem anderen in einem Kalbslederschuh von Salvatore Ferragamo zu stecken.

Während meiner Studienzeit in Italien las ich 1992 in *The European* einen Zeitungsartikel über das italienische Bundesparlament. Natürlich ist das italienische Parlament zugleich berühmt und berüchtigt, aber in diesem Artikel ging es um ein merkwürdiges Thema, nämlich um die Tatsache, dass viele italienische Abgeordnete zu Hause ihren eigenen Gemüsegarten pflegten. Ich kann mich zwar nicht mehr an die genaue Zahl erinnern, aber es waren mit Sicherheit über 50 Prozent. Wer je in Italien gelebt hat oder einige Italiener kennt, der wird Verständnis dafür haben und sich darüber amüsieren. Den Italienern liegt das Gärtnern im Blut.

Suppen werden mit Zutaten aus dem Garten gemacht, und Gärten spielen in ganz Italien eine große Rolle. Daher ist es auch nicht verwunderlich, dass jede Region Italiens mit einer eigenen Suppenspezialität aufwarten kann. Meistens fallen diese Suppen unter die Rubrik *cucina rustica* (rustikale Küche) – sie sind nahrhaft, sättigend und aus einfachen Zutaten zubereitet. Sie wärmen uns den Magen und schenken uns Wohlbefinden. Auch wenn es sich bei Suppen der Definition nach um einfache, in einem Topf gekochte Speisen handelt, lassen viele Italiener für eine perfekt zubereitete Suppe alles andere stehen.

In meiner Kindheit gab es häufig Suppe. Meist enthielten diese Suppen Nudeln und bildeten eine vollständige Mahlzeit.

Diese Suppen sind vor allem in Süditalien sehr beliebt, als ein Überbleibsel aus der Zeit, in der noch nicht der heutige Überfluss herrschte. Und doch stellten die vielen Gemüsesuppen, die mit frischem extra nativem Olivenöl beträufelt wurden und in der Jugend meines Vaters häufig die einzige Mahlzeit eines Tages bildeten, eine besonders gesunde Ernährung dar. Damals hielt man die Gemüsesuppen für ein karges Essen, da ihnen tierisches Eiweiß fehlte, heute hingegen wenden wir uns aus Gesundheitsgründen wieder dieser einfachen Küche zu, was meiner Meinung nach nicht das Schlechteste ist.

Manchmal ist es auch spannend, wie sich gewisse Dinge entwickeln. Gerichte, die wir als Kinder verachteten, werden im Erwachsenenalter häufig zu Leibspeisen. Mir geht es zumindest mit Nudelsuppen so. Meine Eltern mussten mich und meine Brüder Ross und Paul regelrecht zwingen, Suppe zu essen. Ich weiß zwar nicht, wie es meinen Brüdern ergeht, aber ich esse heute leidenschaftlich gerne Suppen. Und das hat vermutlich nichts mit der Veränderung des Geschmacksinns zu tun, sondern vielmehr mit der engen Verknüpfung von Erinnerungen und Emotionen. Wie auch immer, Suppen schmecken einfach lecker.

In diesem Kapitel finden Sie deftige und aromatische Suppen und Eintöpfe, die perfekt zu unserem modernen Leben passen. So gibt es hier herzhafte Eintöpfe für die Wintermonate, aber auch leichte Suppen, z.B. mit Fisch und Schalentieren für die wärmeren Jahreszeiten.

Zuppa di scampi e spaghetti
Suppe mit Spaghetti und Scampi

Für 6 Personen

2 ½ EL extra natives Olivenöl, etwas
    mehr zum Beträufeln
1 mittelgroße Zwiebel, in 5 mm
    große Würfel geschnitten
1 mittelgroße Stange Staudensellerie,
    in 5 mm große Würfel geschnitten
1 mittelgroße Möhre, in 5 mm
    große Würfel geschnitten
1 milde rote Spitzpaprika, fein
    gewürfelt
1 lange, rote Chilischote, fein gewürfelt
1 Knoblauchzehe, fein gewürfelt
2 reife Strauchtomaten, in 5 mm
    große Würfel geschnitten
2 ½ EL trockener Weißwein
2,4 l Krustentierfond (Rezept
    Seite 189)
feines Meersalz nach Geschmack
frisch gemahlener schwarzer Pfeffer
    nach Geschmack
300 g hochwertige Spaghetti
1,2 kg frische Scampi (Kaiser-
    granate), halbiert und vom
    Darm befreit
2 EL glatte Petersilie, klein gehackt

In einer großen Kasserolle das Olivenöl erhitzen und die Zwiebel, den Sellerie, die Möhre, die Paprika, die Chiliwürfel und den Knoblauch dünsten, bis die Zwiebel glasig ist. Die gewürfelten Tomaten zugeben, 5 Minuten mitdünsten und dann den Weißwein zugießen. Alles weitere 5 Minuten köcheln lassen, bis der Alkohol verdampft ist. Den Krustentierfond hinzugießen, alles aufkochen und mit Meersalz und Pfeffer abschmecken. Die Suppe 15 Minuten sanft köcheln lassen. Das Gemüse sollte anschließend vollständig gegart sein. Die Spaghetti zugeben und weiter köcheln, bis die Nudeln nach etwa 10 Minuten gar sind. Die Scampi zugeben und die Temperatur erhöhen. Die Scampi ein paar Minuten in der Suppe ziehen lassen, bis sie gar sind (darauf achten, dass sie nicht zu lange garen). Die Petersilie unterrühren und mit etwas Olivenöl beträufelt sofort servieren.

Polpettini in brodo della zia

Zia Lidias Hühnerklößchensuppe mit Risoni – die beste Suppe der Welt!

Für 6 Personen

Immer wenn meine Tante Lidia zum Essen einlädt, kocht sie diese Suppe, und das ist auch gut so, denn diese Suppe schmeckt einfach umwerfend, und jeder leckt sich die Finger danach. Lidia kocht wunderbar und bereitet die tollsten Speisen zu, darunter fantastische in Öl eingelegte Artischocken, aber diese Suppe ist einfach unübertrefflich. Im Winter bieten wir sie im Caffè Pendolino in Sydney an, und sie ist immer ein absoluter Hit. Im Pendolino nehmen wir anstelle der Risoni frisch gemachte Quadrettini-Pasta, aber traditionell wird diese Suppe mit Risoni zubereitet.

FÜR DIE FLEISCHKLÖSSCHEN
300 g Hühnerhackfleisch
2 Bio-Eier aus Freilandhaltung
*   (Gewichtsklasse M)*
90 g frische Weißbrotsemmelbrösel
150 g Parmigiano Reggiano, frisch
*   gerieben*
1 ½ EL glatte Petersilie, fein gehackt
feines Meersalz nach Geschmack
frisch gemahlener schwarzer Pfeffer
*   nach Geschmack*

FÜR DIE SUPPE
2,4 l Hühnerfond (Rezept Seite 185)
feines Meersalz nach Geschmack
200 g Risoni (reiskornförmige
*   Nudeln)*
frisch geriebener Parmigiano
*   Reggiano zum Servieren*
*   (optional)*

Für die Fleischklößchen sämtliche Zutaten miteinander vermengen, zu 2,5 cm großen Klößen formen und auf einem großen Teller oder einem Tablett beiseitestellen. Meine Tante reibt sich vorher die Handflächen mit etwas Olivenöl ein, damit die Fleischmischung beim Rollen nicht an den Händen kleben bleibt.

Den Hühnerfond aufkochen und mit Meersalz würzen (aber daran denken, dass die Fleischklöße auch salzig sind). Die Hühnerklößchen einzeln hineingeben und etwa 15 Minuten in der Suppe garen. Die Nudeln zugeben und weitere 10 Minuten köcheln, bis die Nudeln ebenfalls gar sind. Dabei gelegentlich umrühren. Die Suppe nach Geschmack mit frisch geriebenem Parmesan bestreut servieren.

Passatelli

Passatelli in Hühnerfond

Für 6 Personen

Passatelli sind in der italienischen Region Emilia-Romagna eine typische Suppeneinlage aus Semmelbröseln, Parmesan und Eiern.

150 g Semmelbrösel
150 g Parmigiano Reggiano, frisch gerieben
3 Bio-Eier aus Freilandhaltung (je 59 g)
frisch geriebene Muskatnuss nach Geschmack
feines Meersalz nach Geschmack
2,4 l Hühnerfond (Rezept Seite 185)

In einer mittelgroßen Schüssel die Semmelbrösel mit dem geriebenen Parmesan vermischen. In der Mitte eine Mulde formen und die Eier darüber aufschlagen. Nach Geschmack Muskatnuss darüberreiben und mit Salz würzen. Sämtliche Zutaten mit den Fingern oder mit einer Gabel zu einem glatten, feuchten Teig vermischen. Den Teig in eine Kartoffelpresse füllen und beiseite stellen.

Den Hühnerfond aufkochen und eventuell etwas Salz zugeben. Den Teig mit der Kartoffelpresse direkt in den Topf drücken und die »Nudelstränge« mit einem scharfen Messer jeweils nach 4 cm abschneiden. Der Fond wird dadurch kurz an Hitze verlieren, aber schnell wieder kochen. Die Passatelli etwa 3 Minuten in dem Fond garen und die Suppe anschließend sofort servieren.

Pasta e fagioli
Nudelsuppe mit getrockneten Cannellini-Bohnen

Für 6 Personen

Wer heutzutage über italienische Küche spricht, meint damit meistens die regionale Küche Italiens. Und natürlich gibt es ganz entscheidende regionale Unterschiede in der kulinarischen Tradition Italiens, allerdings bin ich der festen Überzeugung, dass es auch ein kulinarisches Band gibt, das die 20 Regionen Italiens miteinander verbindet und so die italienische Küche von der Kochtradition anderer Länder unterscheidet. Dieses Band ist nur schwer in Worte zu fassen, aber Pasta und bestimmte Aromen spielen dabei sicherlich eine große Rolle. *Pasta e fagioli* ist ein Gericht, das beinah überall in Italien mehr oder weniger gleich serviert wird, eine schlichte Mahlzeit, nach der man sich sehnt wie nach einem alten Freund. Am besten schmeckt diese Suppe an einem kalten, nassen Wintertag, wenn man noch etwas frisches Olivenöl darüber träufelt und jede Menge Parmesan oder Pecorino darüberreibt. Dazu ein Glas Sangiovese oder ein ähnlich mittelschwerer Rotwein und der Tag ist gerettet.

2 ½ EL extra natives Olivenöl, etwas mehr zum Beträufeln

1 mittelgroße Zwiebel, in 5 mm große Würfel geschnitten

1 mittelgroße Stange Staudensellerie, in 5 mm große Würfel geschnitten

1 Knoblauchzehe, fein gehackt

250 g getrocknete Cannellini-Bohnen, über Nacht in Wasser eingeweicht

etwa 3 l Gemüsefond (Rezept Seite 187) oder Wasser

feines Meersalz nach Geschmack

2 mittelgroße Kartoffeln, in 5 mm große Würfel geschnitten

1 Zweig Rosmarin, in Stücke gebrochen

250 g Conchigliette (kleine Muschelnudeln)

frisch gemahlener schwarzer Pfeffer zum Servieren

getrocknete Chiliflocken zum Servieren

frisch geriebener Parmigiano Reggiano oder Pecorino zum Servieren

In einer großen Kasserolle das Olivenöl erhitzen und die Zwiebel, den Sellerie und den Knoblauch langsam glasig dünsten. Die eingeweichten Bohnen abtropfen lassen und in den Topf geben. Mit Wasser oder Gemüsefond aufgießen, bis die Bohnen gut 4 cm bedeckt sind. Die Flüssigkeit aufkochen, mit Salz würzen und 30 Minuten köcheln lassen. Danach die Kartoffeln und den Rosmarin zugeben und weiterköcheln, bis die Bohnen gar sind. Zwischendurch eventuell etwas Flüssigkeit nachgießen, bis der gewünschte Pegel wieder erreicht ist. Manchmal nehme ich statt Wasser oder Gemüsesud einfach Hühnerbrühe, damit die Suppe mehr Geschmack bekommt, aber das ist nicht unbedingt nötig.

Die Nudeln in sprudelnd kochendem Salzwasser so lange kochen, bis sie etwas mehr als *al dente* sind. Die abgetropften Nudeln in die Suppe geben und mit schwarzem Pfeffer und getrockneten Chiliflocken bestreut und mit Olivenöl beträufelt servieren. Frisch geriebenen Parmesan oder Pecorino dazu reichen.

Brodetto all'anconetana con sagnette e bastardone

Traditionelle Meeresfrüchtesuppe mit Sagnette und getrockneten Chilischoten aus Ancona

Für 6 Personen

2 ½ EL extra natives Olivenöl, etwas
    mehr zum Beträufeln
1 mittelgroße Zwiebel, in 5 mm
    große Würfel geschnitten
1 mittelgroße Stange Staudensellerie,
    in 5 mm große Würfel geschnitten
1 mittelgroße Möhre, in 5 mm
    große Würfel geschnitten
1 Knoblauchzehe, fein gehackt
2 ½ EL Weißweinessig
1,8 l Krustentierfond (Rezept
    Seite 189)
500 ml passierte Tomaten
feines Meersalz nach Geschmack
frisch gemahlener schwarzer Pfeffer
    nach Geschmack
1 mittelgroße Kartoffel, in 5 mm
    große Würfel geschnitten
200 g Sagnette Pasta (siehe
    Anmerkung)
600 g Fisch und Meeresfrüchte
    (z.B. Schellfisch, Garnelen,
    Kalmar, Miesmuscheln, Venus-
    muscheln, Drachenkopf, Jakobs-
    muscheln, Kaisergranate,
    Schnapper), geputzt und in
    mundgerechte Stücke geschnitten
2 EL glatte Petersilie, fein gehackt
6 Scheiben italienisches Weiß-
    brot, geröstet und mit Knoblauch
    eingerieben
6 sehr große getrocknete rote Chili-
    schoten

In einer großen Kasserolle das Olivenöl erhitzen und die Zwiebeln, den Sellerie, die Möhre und den Knoblauch langsam darin dünsten, bis die Zwiebeln glasig sind. Die Temperatur erhöhen und den Essig zugießen und ein paar Minuten einkochen lassen. Anschließend den Krustentierfond und die passierten Tomaten untermischen. Alles aufkochen und mit Meersalz und schwarzem Pfeffer abschmecken. Die Kartoffelwürfel zufügen und alles 20 Minuten sanft köcheln lassen. Die Nudeln zufügen und weitere 8–10 Minuten köcheln, bis die Nudeln gar sind. Die Meeresfrüchte und den Fisch zugeben und die Temperatur erneut erhöhen. Ein paar Minuten garen, bis sich alle Muscheln geöffnet haben. (Am besten zuerst die Muscheln hineingeben und dann den Rest zufügen, damit der Fisch nicht zu lange gart). Die Petersilie unterrühren. Zum Servieren jeweils eine Scheibe Brot und eine getrocknete Chilischote auf die Suppe legen. Etwas Olivenöl über das Brot und die Suppe träufeln und sofort servieren.

Anmerkung: Sagnette sind etwa 7 cm lange Nudeln, die so breit wie Tagliatelle sind. Ersatzweise können Sie einfach in Stücke gebrochene Tagliatelle oder Linguine verwenden.

Brodo di coda di bue con quadretti e funghi di bosco

Ochsenschwanzbouillon mit Nudelflecken und getrockneten Waldpilzen

Für 6 Personen

*250 g frischer Eiernudelteig
(Rezept Seite 197)*
25 g getrocknete Waldpilze
*2,4 l Ochsenschwanzbouillon
(Rezept Seite 186)*
*450 g geschmortes Ochsenschwanz-
fleisch (siehe dazu Rezept
Seite 186)*
feines Meersalz nach Geschmack
*frisch gemahlener schwarzer Pfeffer
nach Geschmack*
*200 g kleine frische Pilze zum Gar-
nieren (z. B. Korallen-, Enoki-,
Shiitake-, Mu-Err- oder Mandel-
pilze oder Limonenseitlinge)*
*frisch geriebener Parmigiano
Reggiano zum Servieren*

Den Nudelteig in 1 mm dünne Teigblätter auswalzen oder ausrollen und daraus 2 x 2 cm große Vierecke ausstechen oder ausschneiden (am besten mit einem gewellten Teigrad).

Die getrockneten Pilze 15 Minuten in kochend heißem Wasser einweichen. Die Pilze aus dem Wasser nehmen, sobald sie an die Wasseroberfläche aufgestiegen sind (siehe Anmerkung) und beiseitestellen.

Die Ochsenschwanzbouillon aufkochen und die eingeweichten Pilze und das geschmorte Fleisch hineingeben, eventuell mit ein wenig Salz und Pfeffer würzen und 20 Minuten sanft köcheln lassen. Die Nudelflecken zugeben und weitere 3–4 Minuten köcheln, danach mit den exotischen Pilzen und reichlich frisch geriebenem Parmesan bestreut sofort servieren.

Anmerkung: Da getrocknete Pilze viel Erde und Dreck enthalten können, ist es absolut notwendig, sie zunächst einzuweichen. Die Pilze anschließend nicht abgießen, sondern vorsichtig herausheben, damit die Erde und der Dreck zurückbleiben. Sollten die Pilze stark verunreinigt sein, muss dieser Prozess mehrmals wiederholt werden.

Ditalini con lenticchie di castelluccio e guanciale

Ditalini-Nudeln mit Castelluccio-Linsen und Guanciale

Für 6 Personen

Guanciale ist ein aus der Schweinebacke hergestellter Speck aus der Region Latium. Ersatzweise kann hier der ähnlich hergestellte Pancetta verwendet werden.

2 ½ EL extra natives Olivenöl, etwas
    mehr zum Beträufeln
1 mittelgroße Zwiebel, in 5 mm
    große Würfel geschnitten
1 mittelgroße Stange Staudensellerie,
    in 5 mm große Würfel geschnitten
1 mittelgroße Möhre, in 5 mm große
    Würfel geschnitten
300 g Guanciale, gewürfelt
2 Knoblauchzehen, fein gehackt
250 g getrocknete Castelluccio-Linsen
    oder braune Linsen
1 l Hühnerfond (Rezept Seite 185)
250 ml passierte Tomaten
feines Meersalz nach Geschmack
frisch gemahlener schwarzer Pfeffer
    nach Geschmack
200 g Ditalini (kleine Rundnudel-
    scheiben)
2 EL glatte Petersilie, klein gehackt
frisch geriebener Parmigiano
    Reggiano oder Pecorino-Käse
    zum Servieren
6 Scheiben italienisches Weißbrot

In einer großen Kasserolle das Olivenöl erhitzen und die Zwiebel, den Sellerie, die Möhre, den Guanciale und den Knoblauch sanft dünsten, bis die Zwiebeln glasig sind. Die Linsen, den Hühnerfond und die passierten Tomaten zugeben, alles aufkochen, mit Salz und Pfeffer abschmecken und zugedeckt 50–60 Minuten sanft köcheln lassen, bis die Linsen weich sind.

Die Nudeln in reichlich sprudelnd kochendem Salzwasser etwas weicher als *al dente* kochen und dann in die Suppe geben. Die Petersilie untermischen und erneut mit Meersalz und schwarzem Pfeffer abschmecken. Vor dem Servieren reichlich frisch geriebenen Parmesan oder Pecorino über die Suppe streuen, jeweils eine Scheibe Brot auf die Suppe legen und Suppe und Brot mit Olivenöl beträufeln. Sofort servieren.

Lumachoni con cime di rapa e peperoncino

Lumachoni-Nudelsuppe mit Rübstiel, getrocknetem Chili und Pecorino

Für 6 Personen

2 ½ EL extra natives Olivenöl, etwas
   mehr zum Servieren
1 Knoblauchzehe, fein gehackt
4 reife Strauchtomaten, entkernt
   und gewürfelt
2,4 l heißer Gemüsefond (Rezept
   Seite 187)
450 g Rübstiel, die harten Stengel entfernt und die Blätter grob gehackt
   (siehe Anmerkung)
2 mittelgroße Kartoffeln, in 5 mm
   große Würfel geschnitten
250 g Lumachoni (große Hörnchen-
   nudeln)
feines Meersalz nach Geschmack
frisch geriebener Pecorino zum
   Servieren
getrocknete Chiliflocken nach
   Geschmack
frisch gemahlener schwarzer Pfeffer
   nach Geschmack

In einer großen Kasserolle das Olivenöl erhitzen. Den Knoblauch darin kurz anbraten. Anschließend die Tomaten zugeben und 5 Minuten schmoren, dabei allerdings darauf achten, den Knoblauch nicht anbrennen zu lassen. Den heißen Gemüsefond zugießen und den Rübstiel und die Kartoffelwürfel hineingeben. Die Flüssigkeit aufkochen und alles weitere 15 Minuten sanft köcheln lassen. Die Lumachoni zugeben und etwa 12 Minuten mitköcheln, bis sie gar sind. Nach Geschmack mit Meersalz würzen. Mit reichlich frischem Olivenöl und frisch geriebenem Pecorino sofort servieren. Nach Geschmack zuvor noch mit getrockneten Chiliflocken und schwarzem Pfeffer bestreuen.

Anmerkung: Sollte Rübstiel nicht erhältlich sein, kann man es durch ein anderes, leicht bitter schmeckendes grünes Gemüse, z.B. Endiviensalat oder Chicorée, ersetzen.

Cuscus con zuppa di pesce

Trapani-Meeresfrüchtesuppe mit Couscous

Für 6 Personen

6 Venusmuscheln

6 Miesmuscheln

400 g Babykalmare

2 ½ EL extra natives Olivenöl, etwas mehr zum Beträufeln

2 mittelgroße Zwiebeln, in 5 mm große Würfel geschnitten

2 Knoblauchzehen, fein gehackt

4 reife Strauchtomaten, in 5 mm große Würfel geschnitten (den Saft verwahren)

2 l Fischfond (Rezept Seite 186)

feines Meersalz nach Geschmack

frisch gemahlener schwarzer Pfeffer nach Geschmack

300 g Couscous

12 große Jakobsmuscheln

200 g weißes Fischfilet (z.B. Schnapper), in 2–3 cm große Würfel geschnitten

2 EL glatte Petersilie, klein gehackt

Sollten die Muscheln noch nicht gesäubert worden sein, legt man sie am besten an einem kühlen Ort (im Kühlschrank werden sie zu kalt, schließen sich und können den Sand nicht »ausspucken«) mehrere Stunden oder über Nacht in kaltem Wasser und Meersalz ein. Pro Liter Wasser benötigt man 30 g Salz. Anschließend die Muscheln abspülen, abtropfen lassen und beiseitestellen.

Die Miesmuscheln gründlich abbürsten und eventuelle »Bärte« entfernen. Von den Kalmaren den Kopf mitsamt Tentakeln vom Hinterleib abtrennen, den Schulp herausziehen, den Körper ausnehmen und umstülpen. Diesen Tubus flachdrücken, mit einem Messer einritzen und in mundgerechte Stücke schneiden.

In einer Kasserolle das Olivenöl auf mittlerer Stufe erhitzen. Darin die Zwiebeln mit der Hälfte des Knoblauchs glasig dünsten. Die Temperatur erhöhen und die Tomaten und den Fischfond zugeben. Alles aufkochen, mit Salz und Pfeffer würzen und 30 Minuten sanft köcheln lassen. In dieser Zeit das Couscous zubereiten und dafür das Couscous in eine große Schüssel geben, mit kochend heißem Salzwasser bedecken, die Schüssel gut abdecken und das Couscous 10 Minuten quellen lassen.

Anschließend die Meeresfrüchte in die Suppe geben und die Temperatur wieder erhöhen. Zunächst die Muscheln eine Minute garen und erst dann die Kalmare und den Fisch zugeben. Am Ende sollten sich die Muscheln geöffnet haben, der Fisch jedoch noch schön zart sein. Die Petersilie und den restlichen Knoblauch unterrühren. Das Couscous mit der Gabel auflockern und mit einem Löffel auf tiefe Suppenteller verteilen. Die Suppe jeweils darübergeben und sofort mit etwas Olivenöl beträufelt servieren.

Farfalle con broccoli e ceci

Nudelsuppe mit Farfalle, Brokkoli und Kichererbsen

Für 6 Personen

2 ½ EL extra natives Olivenöl, etwas
    mehr zum Beträufeln
1 Knoblauchzehe, abgezogen und
    mit einer flachen Messerklinge
    zerdrückt
300 g getrocknete Kichererbsen,
    über Nacht in Wasser eingeweicht
    und abgetropft
3 l Hühnerfond (Rezept Seite 185), auf
    2,5 l reduziert
200 g Farfalle (Schmetterlingsnudeln)
300 g Brokkoliröschen
feines Meersalz nach Geschmack
frisch gemahlener schwarzer Pfeffer
    nach Geschmack
frisch geriebener Parmigiano Reggiano
    zum Servieren

In einer großen Kasserolle das Olivenöl erhitzen und den Knoblauch darin goldbraun anbraten. Die Kichererbsen und den Hühnerfond zugeben und aufkochen. Danach die Temperatur reduzieren und die Brühe so lange köcheln, bis die Kichererbsen gar sind. Die Nudeln zugeben und weitere 10 Minuten köcheln. Den Brokkoli zugeben und ein paar Minuten mitgaren, aber darauf achten, dass er nicht zu weich wird und seine schöne grüne Farbe behält. Mit Salz abschmecken und sofort servieren. Dafür mit frisch gemahlenem schwarzen Pfeffer und frisch geriebenem Parmesan bestreuen und etwas Olivenöl darüberträufeln.

Ruote con minestra di rigaglie di pollo

Hühnersuppe mit Ruote-Nudeln

Für 6 Personen

Ich liebe dieses Gericht und werde schon beim Aufschreiben des Rezepts ganz nostalgisch, denn es erinnert mich daran, wie ich als Kind mit meinem Vater auf die Jagd gegangen bin und es am Tag danach immer eine Suppe mit Entenklein gab. Mit Entenklein von Wildenten schmeckt diese Suppe natürlich besonders gut, allerdings ist das meist nur schwer zu bekommen. So ist Hühnerklein ein hervorragender Ersatz, denn es schmeckt fast genauso aromatisch und hat eine sehr ähnliche feste Konsistenz. Das Hühnerklein sollte also möglichst lange in der Brühe köcheln dürfen, damit es zart wird und seinen vollen Geschmack entfalten kann. Ich finde es sehr bedauerlich, dass Innereien heutzutage einen so schlechten Ruf haben, daher sollten Sie diese köstliche Suppe umso mehr genießen.

2 ½ EL extra natives Olivenöl
1 mittelgroße Zwiebel, in 5 mm große
    Würfel geschnitten
1 mittelgroße Stange Staudensellerie,
    in 5 mm große Würfel geschnitten
1 mittelgroße Möhre, in 5 mm große
    Würfel geschnitten
1 Knoblauchzehe, fein gehackt
500 g pariertes Hühnerklein
    (siehe Anmerkung)
3 l Hühnerfond (Rezept Seite 185)
feines Meersalz nach Geschmack
1 mittelgroße Kartoffel, in 5 mm große
    Würfel geschnitten
200 g Ruote (Rädernudeln)
2 EL glatte Petersilie, klein gehackt
frisch geriebener Parmigiano
    Reggiano zum Servieren

In einer großen Kasserolle das Öl erhitzen und die Zwiebel, den Sellerie, die Möhre und den Knoblauch so lange dünsten, bis die Zwiebeln glasig sind. Das Hühnerklein zugeben, 5 Minuten mitdünsten und dann den Hühnerfond zugießen. Die Brühe kurz aufkochen, mit Salz würzen und anschließend 2–3 Stunden sanft köcheln, bis das Hühnerklein weich ist. Die Kartoffelwürfel zugeben und so lange köcheln, bis auch die Kartoffeln gar sind. Die Nudeln hineingeben und weitere 10–12 Minuten köcheln. Kurz vor dem Servieren die Petersilie untermischen und bei Tisch jede Menge frisch geriebenen Parmesan dazu reichen.

Anmerkung: Das Hühnerklein am besten im Voraus beim Metzger bestellen und von diesem parieren und zuschneiden lassen. 800 g Innereien ergeben nach dem Parieren etwa 500 g verwertbares Hühnerklein für die Suppe.

Brodo di stinco di vitello con orzo e conchiglie

Graupensuppe mit Kalbshaxe, Muschelnudeln und Lauch

Für 6 Personen

100 ml extra natives Olivenöl
2 Stangen Lauch, in 5 mm große
Würfel geschnitten
1 Knoblauchzehe, fein gehackt
450 g Kalbshaxe
feines Meersalz nach Geschmack
frisch gemahlener schwarzer Pfeffer
nach Geschmack
3 l Rinderfond (Rezept Seite 187) oder
Kalbsfond
1 kleines Lorbeerblatt
1 Zweig Thymian
200 g Perlgraupen
200 g Conchiglie (Muschelnudeln)
2 EL glatte Petersilie, fein gehackt
frisch geriebener Parmigiano Reggiano
zum Servieren

In einer großen Kasserolle die Hälfte des Olivenöls erhitzen und darin den Lauch und den Knoblauch glasig dünsten. Die Kalbshaxe mit etwas Meersalz und schwarzem Pfeffer einreiben. In einer Pfanne das restliche Olivenöl erhitzen und das Fleisch darin von allen Seiten anbraten. Danach das Fleisch zu dem Gemüse in den Topf geben und die Brühe, das Lorbeerblatt, den Thymian und die Perlgraupen zugeben. Alles aufkochen, abschmecken und 2–3 Stunden sanft köcheln, bis sich das Fleisch vom Knochen löst. In dieser Zeit ab und zu umrühren, damit die Graupen nicht am Boden haften bleiben und anbrennen.

Das Fleisch herausheben, etwas abkühlen lassen, vom Knochen lösen und in mundgerechte Stücke zerteilen. Das Fleisch zurück in den Topf geben, die Nudeln zufügen und alles weitere 10–12 Minuten garen. Kurz vor dem Servieren die Petersilie untermischen und reichlich frisch geriebenen Parmesan dazu reichen.

Tortellini bolognese in brodo di capone

Hackfleischtortellini in einer Bouillon vom Kapaun

Für 6 Personen

900 ml Bouillon vom Kapaun (siehe
   Anmerkung) oder Hühnerfond
   (Rezept Seite 185)
feines Meersalz nach Geschmack
600 g Hackfleischtortellini (Rezept
   Seite 93)
frisch geriebener Parmigiano
   Reggiano zum Servieren

Die Bouillon vom Kapaun oder den Hühnerfond in einem großen Topf aufkochen und falls nötig noch etwas salzen. Die Tortellini etwa 10 Minuten darin garen und warten, bis sie an die Oberfläche steigen. Die Tortellini mit etwas Bouillon und reichlich frisch geriebenem Parmesan servieren.

Anmerkung: In Italien ist die Verwendung kastrierter Masthähne, also sogenannter Kapaune, weit verbreitet, vor allem in der Emilia-Romagna, aus der das Rezept *Tortellini in brodo* stammt. Wegen der Kastration entwickelt der Kapaun ein besonders aromatisches Fleisch, das sich ideal für eine Bouillon eignet. Da Kapaune vielerorts nicht erhältlich sind, verwende ich für die Herstellung einer aromatischen Bouillon neben einem ganzen Suppenhuhn auch noch eine Hühnerkarkasse.

Pasta Dolce

Pasta als Dessert

La pasta può essere un dolce?

Eignet sich Pasta als Dessert?

Es mag auf den ersten Blick merkwürdig erscheinen, auch Desserts in ein Pastakochbuch mit aufzunehmen, doch die nachfolgenden Rezepte sind mitnichten Experimente moderner italienischer Kochkunst, sondern sehr traditionelle, zum Teil uralte Pastarezepte.

Das ist nicht weiter ungewöhnlich, wenn man bedenkt, woraus die Nudeln bestehen und dass Teigwaren in Italien als Dessert sehr willkommen sind. Und nichts anderes sind die Nudeln ja; auf Italienisch bedeutet *pasta* nicht nur Nudel, sondern auch Teig. *Pasta sfoglia* ist der Blätterteig, *pasta frolla* der Mürbeteig, nur im Ausland verbindet man mit dem Wort Pasta die für Italien so typischen Nudeln. Die nachfolgenden süßen Rezepte enthalten jedoch keine Anleitung für Blätterteig, Mürbeteig usw., sondern werden mit Pasta zubereitet, so wie wir sie kennen, denn seit es Teigwaren in Italien gibt, gibt es auch Desserts mit süßen Nudeln. Abgesehen davon verwischen vielerorts die Definitionen von süß und herzhaft. Denken Sie nur an das außergewöhnliche Gericht aus der Region Friaul-Julisch Vene-

tien, das den Namen *Gnocchi di susine* trägt: Kleine, süße Pflaumen werden mit Kartoffelgnocchiteig umhüllt, sanft gegart und zum Servieren mit in Butter gerösteten Semmelbröseln und Zucker bestreut. Mit anderen Worten ein Nudelgericht, das wie ein Dessert schmeckt und aussieht und das seit Jahrhunderten während der Fastenzeit als Hauptmahlzeit eine herzhafte Speise ersetzt. Dabei eignet es sich auf den ersten Blick nicht wirklich zum Fasten, aber es enthält kein Fleisch und ist recht gehaltvoll, was gerade in den ländlichen Regionen, in denen die Menschen schwerer körperlicher Arbeit nachgehen, wichtig ist.

Am anderen Ende Italiens, z.B. aus der Region Kalabrien, aus der mein Vater stammt, finden sich berühmte Rezepte wie die *Pignolata*, für die einfacher Nudelteig frittiert und mit Honig beträufelt wird. Genau wie die *Gnocchi di susine* handelt es sich hier um ein typisches Dessert für die Osterfeiertage.

Genießen Sie also diese wunderbaren süßen Pastarezepte!

Crostoli

Crostoli

Ergibt etwa 26 Crostoli

Dieses hübsche und vielseitige Gebäck ist in beinah ganz Italien sehr verbreitet. Besonders gut schmeckt es zum Kaffee oder zu Desserts auf der Basis von Eiscreme.

350 g Weizenmehl, Type 405
50 g feiner Kristallzucker
1 TL Backpulver
1 Prise feines Meersalz
60 g Butter, auf Raumtemperatur
*   erwärmt*
2 Eigelb (von Bio-Eiern)
90 ml Grappa
2 EL Vollmilch
Olivenöl zum Frittieren
Puderzucker zum Bestäuben

2 EL Mehl beiseitestellen. Den Rest des Mehls in einer Schüssel mit dem Zucker, dem Backpulver und dem Salz mischen. Danach die Butter, die Eigelbe, den Grappa und die Milch zugeben und sämtliche Zutaten mit den Händen zu einem Teig verkneten. Sollte der Teig zu trocken werden, noch etwas Milch zugießen, sollte der Teig zu feucht sein, etwas Mehl zufügen. Den Teig mindestens 5 Minuten kneten, bis er weich und elastisch ist. Den Teig eine Stunde ruhen lassen und dann auf einer mit etwas Mehl bestäubten Arbeitsfläche 1 mm dick ausrollen oder mit einer Nudelmaschine 1 mm dick auswalzen und dabei zwischendurch mit etwas Mehl bestäuben. Den Teig mit einem gewellten Teigrad in 19 cm lange Streifen von der Breite eines schmalen Lineals schneiden. Überschüssigen Teig erneut ausrollen und zurechtschneiden.

Das Olivenöl in einer tiefen Pfanne auf 180 °C erhitzen und die Teigstreifen darin nach und nach etwa 3 Minuten frittieren, bis sie aufgehen und goldbraun werden. Die fertigen Crostoli auf Küchenpapier trocknen lassen und mit Puderzucker bestäubt servieren.

Gnocchetti fritti all'uva moscato

Frittierte Minignocchi mit Muskateller-Rosinen

Für 6 Personen

Da dieses frittierte Pastagericht sehr sättigend ist, wird es normalerweise in kleinen Portionen serviert. Häufig reicht man einen Kaffee oder einen italienischen Likör dazu.

375 g Weizenmehl, Type 405
50 g brauner Rohrzucker
140 ml Muskateller-Wein
180 ml extra natives Olivenöl
Olivenöl zum Frittieren

FÜR DIE SAUCE
1 Vanilleschote, längs aufgeschlitzt
    und das Mark herausgekratzt
Saft von 4 Orangen, gesiebt
100 ml Blutorangenöl aus den Abruz-
    zen (siehe Anmerkung)
100 ml Kognak
100 g Muskateller-Rosinen
1 Zimtstange
1 Sternanis

Das Mehl und den braunen Zucker auf der Arbeitsfläche oder auf einem Holzbrett mischen, den Wein und das Öl zugeben und alles gut 5 Minuten verkneten. Den fertigen Teig eine Stunde ruhen lassen und anschließend mit feuchten Händen in etwa 1 cm dicke Stränge rollen. Diese Stränge in 1 cm lange Stücke schneiden und diese zu kleinen Kugeln rollen.

Für die Sauce sämtliche Zutaten in einen kleinen Stieltopf geben und auf sehr kleiner Stufe etwa 15–20 Minuten sanft erwärmen, bis die Rosinen aufgequollen sind.

In einer Kasserolle oder einer tiefen Pfanne reichlich Olivenöl auf 180 °C erwärmen und die kleinen Gnocchetti darin etwa 4 Minuten goldbraun frittieren. Die Gnocchetti auf Küchenpapier trocknen lassen, kurz in der Sauce ziehen lassen und sofort servieren.

Anmerkung: Da Agrumato extra vergine di oliva »all'arrancia« nicht überall erhältlich ist, kann man stattdessen auch extra natives Olivenöl mit ½ TL fein geriebener Orangenschale verwenden.

Ravioli dolci di mela cotogna

Ravioli gefüllt mit Quittenmus

Ergibt etwa 26 Ravioli

FÜR DAS QUITTENMUS

250 g Quitten
Saft von ½ Zitrone
175 g feiner Kristallzucker
125 ml trockener italienischer
    Weißwein
½ Zimtstange
½ Vanilleschote

FÜR DEN TEIG

375 g Weizenmehl, Type 405
110 g kalte Butter oder Schmalz,
    in Stücke geschnitten
75 g feiner Kristallzucker
100 ml Vollmilch
2 Bio-Eier aus Freilandhaltung
    (Gewichtsklasse M), verquirlt
1 Prise feines Meersalz
Puderzucker zum Bestäuben
Zimtpulver nach Geschmack

Für das Quittenmus eine Schüssel Wasser bereitstellen und die Hälfte des Zitronensaftes hineingeben. Die Quitten waschen, schälen, entkernen, in etwa 3 x 3 cm große Stücke schneiden und diese sofort in die Wasserschüssel geben, damit sie nicht braun werden. Anschließend die Quittenstücke abtropfen lassen und in eine kleine hohe Kasserolle füllen. Die anderen Zutaten (bis auf die Vanilleschote) zufügen und auf mittlerer Stufe erhitzen. Die halbe Vanilleschote über dem Topf auskratzen. Die leere Vanilleschote mit in die Kasserolle geben. Den Topf mit einer Cartouche abdecken (siehe Anmerkung Seite 78) und etwa 2 Stunden sanft köcheln lassen, bis die Quitten weich sind. Dabei immer mal wieder umrühren, damit die Quitten nicht anbrennen. Anschließend die Zimtstange und die Vanilleschote entfernen, die Quitten pürieren und das fertige Mus auf Raumtemperatur abkühlen lassen.

Für den Teig das Mehl mit der Butter und dem Zucker zu einer krümeligen Mischung vermengen und anschließend mit der Milch, ¾ der verquirlten Eier und der Prise Salz schnell zu einem glatten Teig verkneten. Aus dem Teig 3 Kugeln formen und diese mit Frischhaltefolie umwickelt 30 Minuten im Kühlschrank ruhen lassen.

Den Ofen auf 180 °C vorheizen. Den Teig 2 mm dick ausrollen und mit einem Ausstechförmchen etwa 10 cm große Kreise ausstechen. Jeweils ½ TL Quittenmus auf jeden Kreis geben und diese dann zu Halbmonden zusammenklappen. Die Ränder so zusammendrücken, dass möglichst viel Luft entweicht und mit einer Gabel Muster hineindrücken. Überschüssigen Teig eventuell erneut ausrollen und am Ende alle Halbmonde mit dem restlichen mit 125 ml Wasser verquirlten Ei bepinseln. Die Ravioli nebeneinander auf ein mit Backpapier ausgelegtes Backblech legen und etwa 20–30 Minuten im Ofen backen. Anschließend mit Puderzucker und Zimt bestäuben und warm oder kalt servieren.

Maccheroni dolci con le noci

Umbrische Weihnachtsmakkaroni mit Walnüssen

Für 6 Personen

Ein traditionelles Weihnachtsgericht aus Umbrien, das einem vielleicht zunächst etwas merkwürdig erscheinen mag. Als Variation serviere ich das Gericht gerne heiß und reiche Vanilleeis dazu. So oder so schmeckt es vor allem Nussliebhabern fantastisch.

100 g altbackenes Brot, in der Küchenmaschine zu groben Semmelbröseln zerkleinert
100 g ungesalzene Butter
375 g Walnusskerne, geröstet und grob zerkleinert
75 g brauner Rohrzucker
25 g Puderzucker, fein gesiebt
25 g Kakaopulver, fein gesiebt
150 g Makkaroni
1 EL Walnussöl
1 EL flüssiger Honig

In einer Pfanne die Semmelbrösel in der Butter goldbraun rösten. Die Semmelbrösel anschließend in einem feinen Sieb abtropfen lassen und die Butter weggießen. Die Semmelbrösel mit den Walnusskernen, dem braunen Zucker, dem Puderzucker und dem Kakaopulver mischen und beiseitestellen.

Die Nudeln in reichlich kochendem Salzwasser *al dente* kochen und die Nudeln vor dem Abgießen mit etwas kaltem Wasser übergießen, um sie ein wenig abzukühlen. Das Walnussöl und den Honig unter die Nudeln mischen, die Semmelbröselmischung unterrühren und auf Raumtemperatur abgekühlt servieren.

Ravioli dolci di ricotta

Im Ofen gebackene süße Ravioli mit Ricottafüllung

Ergibt etwa 40 Ravioli

750 g Weizenmehl, Type 405
225 g kalte Butter oder Schmalz,
    klein gehackt
150 g Kristallzucker
225 ml Vollmilch
3 Bio-Eier aus Freilandhaltung
    (Gewichtsklasse M)
1 Prise Meersalz
1 EL Puderzucker zum Bestäuben
1 TL Zimtpulver zum Bestäuben

FÜR DIE FÜLLUNG
500 g frischer Ricotta
150 g Puderzucker, gesiebt
3 Bio-Eier aus Freilandhaltung
    (Gewichtsklasse M)
1 TL Zimtpulver
1 EL sizilianische kandierte Früchte,
    klein gehackt

In einer Schüssel das Mehl mit der Butter und dem Zucker mischen und mit den Fingerspitzen zu Krümeln verarbeiten. Die Milch, 2 Eier und die Prise Salz zugeben und zu einem glatten Teig verkneten. Den Teig zu 2 Kugeln formen, diese etwas platt drücken, in Frischhaltefolie wickeln und 1 Stunde im Kühlschrank ruhen lassen.

Für die Ricottafüllung sämtliche Zutaten miteinander verrühren und beiseitestellen.

Den Ofen auf 160 °C vorheizen und den Teig auf einer mit etwas Mehl bestäubten Arbeitsfläche etwa 2 mm dick ausrollen. Mit einem Ausstechförmchen etwa 10 cm große Kreise ausstechen. Jeweils 1 EL von der Ricottafüllung auf die Kreise geben und diese dann zu Halbmonden zusammenklappen. Die Ränder so zudrücken, dass möglichst viel Luft entweicht und mit einer Gabel Muster hineindrücken. Überschüssigen Teig erneut ausrollen und am Ende alle Halbmonde mit dem restlichen verquirlten Ei bepinseln. Die Ravioli auf einem mit Backpapier ausgelegten Backblech nebeneinander etwa 40–45 Minuten im Ofen backen. Mit Puderzucker und Zimt bestäubt servieren.

Sgonfiotti alla frutta

Südtiroler Obstravioli

Ergibt etwa 40 Ravioli

150 g Maronen
200 g Weizenmehl, Type 405
   (eventuell mehr)
100 g Roggenmehl
120 g weiche Butter
1 Bio-Ei aus Freilandhaltung
   (Gewichtsklasse M)
3 EL flüssige Sahne (eventuell mehr)
1 ½ EL rotes Johannisbeergelee
150 g Äpfel (z. B. Boskoop oder
   Elstar), geschält und gerieben
20 g frische Semmelbrösel
Olivenöl zum Frittieren
Puderzucker zum Bestäuben

Jede Marone auf der Oberseite mit einem scharfen Messer kreuzweise einritzen. Die Maronen mit Wasser bedeckt in einer kleinen Kasserolle etwa 20 Minuten kochen, bis sie weich sind. Die Maronen noch warm schälen, mit einem Kartoffelstampfer pürieren und beiseitestellen.

Die beiden Mehlsorten mit der Butter in einer großen Schüssel mischen und mit den Fingerspitzen zu Krümeln verarbeiten. Anschließend das Ei, die Sahne und 1 Prise Meersalz zugeben und alles zu einem glatten Mürbeteig verkneten. Den Teig zu einer Kugel formen und in Frischhaltefolie gewickelt etwa 1 Stunde im Kühlschrank ruhen lassen.

Für die Füllung das Gelee mit dem geriebenen Apfel, den Maronen und den Semmelbröseln mischen.

Den Teig auf einer mit Mehl bestäubten Arbeitsfläche sehr dünn (maximal 2 mm) ausrollen und mit einem Ausstechförmchen 5 – 7,5 cm große Kreise ausstechen. Jeweils 1 gehäuften TL von der Füllung daraufgeben und den Teig über der Füllung zu Halbmonden zusammenklappen. Die Ränder mit einer Gabel zusammendrücken. Überschüssigen Teig erneut ausrollen. Eine tiefe Pfanne etwa 2,5 cm hoch mit Olivenöl füllen, dieses auf mittlerer Stufe erhitzen und die Ravioli darin nach und nach je 4 Minuten frittieren, bis sie goldbraun sind. Die fertigen Ravioli auf Küchenpapier abtropfen lassen und mit Puderzucker bestäubt heiß servieren.

Anmerkung: Da das Roggenmehl glutenfrei ist, muss der Teig vor dem Ruhen deutlich länger geknetet werden als normaler Teig. Der Roggenmehlteig bricht auch leichter, daher sollte die Arbeitsfläche mit reichlich Mehl bestäubt und die Sgonfiotti behutsam geformt werden.

Pignolata al miele di papà

Papas frittierte Osterkugeln mit Honig

Für 6–8 Personen

Ähnlich wie die frittierten Gnocchetti ist auch dieses süße Pastagericht sehr kalorienreich und sättigend. Daher wird es genau wie Petit Fours oder anderes Gebäck nur in kleinen Mengen serviert.

500 g Weizenmehl, Type 405
100 g feiner Kristallzucker
1 Prise feines Meersalz
6 Bio-Eier aus Freilandhaltung
   (Gewichtsklasse M)
neutrales Pflanzenöl zum Frittieren
250 ml flüssiger Honig

Das Mehl mit dem Zucker und dem Salz auf einer Arbeitsfläche oder auf einem großen Holzbrett mischen, zu einem kleinen Berg aufhäufeln und in die Mitte eine Mulde drücken, sodass es wie ein kleiner Vulkan aussieht. Die Eier über der Mulde aufschlagen und mit den Händen oder mit einer Gabel die Eier ein wenig verrühren und sie dann nach und nach mit der Mehlmischung vom Rand her verkneten. Sollte der fertige Teig noch sehr nass und klebrig sein, kann man noch etwas Mehl untermischen. Den Teig beiseitestellen und die Arbeitsfläche reinigen. Danach die Arbeitsfläche mit Mehl bestäuben, den Teig weitere 5 Minuten durchkneten und anschließend ruhen lassen. Den Teig in 1,5 cm dicke Stränge rollen und diese in kleine Stücke schneiden. Die Stücke zu Kugeln von der Größe dicker Kichererbsen rollen. Das Pflanzenöl in einer tiefen Pfanne auf 180 °C erhitzen und die Kugeln nach und nach je 4 Minuten goldbraun frittieren. Die fertigen Kugeln auf Küchenpapier abtropfen und vollständig abkühlen lassen.

Den Honig sanft erwärmen, damit er richtig dünnflüssig wird und dann unter die Teigkugeln mischen, bis sie davon überzogen sind. Vor dem Servieren erneut abkühlen lassen.

Ravioli dolci alla calabrese

Süße Kichererbsenravioli aus Kalabrien

Für 6 Personen (ergibt etwa 50 Ravioli)

300 g getrocknete Kichererbsen,
    über Nacht in Wasser eingeweicht
100 ml Vincotto
100 g dunkle Schokolade, klein
    gehackt
1 Prise feines Meersalz
500 g Weizenmehl, Type 405
80 g Kristallzucker
5 Bio-Eier aus Freilandhaltung
    (Gewichtsklasse M)
2 ½ EL extra natives Olivenöl
Olivenöl zum Frittieren
Puderzucker zum Bestäuben

Die Kichererbsen abtropfen lassen, in eine Kasserolle geben, mit Salzwasser bedecken und kochen, bis sie sehr weich sind. Anschließend die Kichererbsen abtropfen, die Häutchen entfernen und durch ein Sieb drücken.

Den Vincotto mit der Schokolade und der Prise Salz im Wasserbad erwärmen, bis die Schokolade geschmolzen ist und dann die Schokoladenmasse mit den zerdrückten Kichererbsen zu einer glatten Paste verrühren, auf Raumtemperatur abkühlen lassen und beiseitestellen.

Für den Teig auf der Arbeitsfläche oder einem großen Brett das Mehl mit dem Zucker mischen, zu einem kleinen Berg aufhäufeln und in die Mitte eine Mulde drücken, sodass es wie ein kleiner Vulkan aussieht. Die Eier über der Mulde aufschlagen, das extra native Olivenöl ebenfalls in die Mulde geben und mit den Händen oder mit einer Gabel die Eier und das Öl ein wenig verrühren. Dann nach und nach die Mehlmischung vom Rand her unterarbeiten. Sollte der fertige Teig noch sehr nass und klebrig sein, kann man noch etwas Mehl untermischen. Den Teig beiseitestellen und die Arbeitsfläche reinigen. Danach die Arbeitsfläche mit Mehl bestäuben, den Teig weitere 5 Minuten durchkneten und anschließend 1 Stunde ruhen lassen.

Für die Ravioli den Teig auf der mit Mehl bestäubten Arbeitsfläche 2 mm dick ausrollen und mit einem Ausstechförmchen 10 cm große Kreise ausstechen. Jeweils einen Löffel von der Kichererbsenfüllung auf jeden Kreis geben und die beiden Kreishälften zu kleinen Halbmonden zusammenklappen. Die Ränder mit einer Gabel fest zusammendrücken und darauf achten, dass dabei möglichst viel Luft entweicht. Den überschüssigen Teig erneut ausrollen.

Eine tiefe Pfanne knapp halbvoll mit Olivenöl füllen und dieses auf 180 °C erhitzen. Nach und nach die Ravioli etwa 4 Minuten frittieren, bis sie rundherum goldbraun sind. Die fertigen Ravioli auf Küchenpapier abtropfen lassen und mit Puderzucker bestäubt servieren.

Ricette di Base

Grundrezepte

Brodo di pollo
Hühnerfond

Ergibt etwa 2,5 l

1 – 1,2 kg Bio-Suppenhuhn
1 kg Hühnerknochen, gründlich
   gewaschen
100 g Möhren, grob zerkleinert
100 g Staudensellerie, grob zerkleinert
100 g Lauch, grob zerkleinert
100 g Zwiebel, grob zerkleinert
100 g Parmigiano-Reggiano-Rinde
3 Stengel glatte Petersilie
feines Meersalz nach Geschmack

Sämtliche Zutaten mit 4 l Wasser in einen großen Kochtopf geben und aufkochen. Die Temperatur etwas reduzieren und ohne Deckel 2,5 – 3 Stunden
sanft köcheln lassen. Ab und zu das Fett und die kleinen Partikel von der
Oberfläche abschöpfen. Das Huhn herausheben, das Fleisch von den Knochen lösen und klein hacken, die Knochen und die Haut entfernen. Die Brühe
durch ein feines Sieb abgießen und in den Kühlschrank stellen. Sollte sich
im Kühlschrank Fett an der Oberfläche absetzen, dieses vor der weiteren
Verwendung entfernen. Das Hühnerfleisch kann für Rezepte wie »Fleisch-
tortellini in einer klassischen Bolognese« (Seite 93) verwendet werden. Der
Hühnerfond lässt sich im Voraus herstellen und luftdicht verschlossen bis zu
2 Monate im Gefrierschrank verwahren.

Brodo di pesce
Fischfond

Ergibt etwa 3,5 l

3 EL Olivenöl
100 g Möhren, grob zerkleinert
100 g Staudensellerie, grob zerkleinert
100 g Zwiebeln, grob zerkleinert
100 g Lauch, grob zerkleinert
2 kg Schnapperfischkarkassen (einschließlich der Köpfe),
    gründlich gesäubert und grob zerkleinert
100 ml trockener Weißwein
2 Lorbeerblätter
5 schwarze Pfefferkörner
3 Stengel glatte Petersilie
feines Meersalz nach Geschmack

Das Olivenöl in einem großen Kochtopf auf mittlerer Stufe erhitzen und das Gemüse darin dünsten, bis die Zwiebeln und der Lauch weich und glasig werden. Die Fischkarkassen zugeben und 5 Minuten mitschmoren. Mit dem Weißwein ablöschen und weiterschmoren, bis der Alkohol verdampft ist. Dann 4 l Wasser, die Lorbeerblätter, die Pfefferkörner, die Petersilie und das Salz zugeben, kurz aufkochen und schließlich 40 Minuten ohne Deckel sanft köcheln lassen. Ab und zu das Fett und die kleinen Partikel von der Oberfläche abschöpfen. Die Fischgräten entfernen und die Brühe durch ein feines Sieb abgießen. Um sicher zu gehen, dass alle Gräten entfernt sind, den Fond erneut durch ein mit einem Passiertuch ausgelegtes feines Sieb abgießen. Den fertigen Fischfond in den Kühlschrank stellen.

Der Fischfond lässt sich im Voraus herstellen und luftdicht verschlossen bis zu 2 Monate im Gefrierschrank verwahren.

Brodo di coda di bue
Klare Ochsenschwanz-bouillon

Ergibt etwa 2,5 l und etwa 500 g weiter verwendbares Ochsenschwanzfleisch

75 ml extra natives Olivenöl
100 g Möhren, grob zerkleinert
100 g Staudensellerie, grob zerkleinert
100 g Zwiebeln, grob zerkleinert
100 g Lauch, grob zerkleinert
2 kg frischer Ochsenschwanz, gesäubert, pariert und in gut
    4 cm lange Stücke geschnitten
2 reife Tomaten, grob zerkleinert
3 Stengel glatte Petersilie
3 Zweige Thymian
1 kleines Lorbeerblatt
feines Meersalz nach Geschmack

In einem hohen Schmortopf die Hälfte des extra nativen Olivenöls auf mittlerer Stufe erhitzen und das Gemüse goldbraun anbraten. Anschließend das Gemüse in eine große Kasserolle umfüllen und das restliche Olivenöl im Schmortopf erhitzen, um die Fleischstücke darin ebenfalls anzubraten, bis sie Farbe bekommen.

Die angebratenen Fleischstücke zu dem Gemüse geben, die restlichen Zutaten und 4 l Waser zufügen und alles kurz aufkochen. Danach ohne Deckel 3–4 Stunden sanft köcheln lassen, bis sich das Fleisch von den Knochen löst. Ab und zu das Fett und kleine Partikel von der Oberfläche abschöpfen. Das Fleisch herausheben und beiseitestellen. Die Bouillon durch ein feines Sieb abgießen und in den Kühlschrank stellen. Sollte sich im Kühlschrank Fett an der Oberfläche absetzen, dieses vor der weiteren Verwendung entfernen. Das Fleisch von den Knochen lösen, Fett und Sehnen entfernen und für Rezepte wie »Ochsenschwanzbouillon mit Nudelflecken und getrockneten Waldpilzen« (Seite 144) verwenden. Die Ochsenschwanzbouillon lässt sich im Voraus herstellen und luftdicht verschlossen bis zu 2 Monate im Gefrierschrank verwahren.

Brodo di vegetali
Gemüsefond

Ergibt etwa 3 Liter

200 g Pastinake, grob zerkleinert
200 g weiße Rübchen, grob zerkleinert
300 g Möhren, grob zerkleinert
100 g Fenchelknolle, grob zerkleinert
300 g Staudensellerie, grob zerkleinert
200 g Lauch, grob zerkleinert
200 g Zwiebel, grob zerkleinert
1 Lorbeerblatt
2 Zweige Thymian
2 Stengel glatte Petersilie
5 schwarze Pfefferkörner

Sämtliche Zutaten mit 4 l Wasser in einen großen Kochtopf geben. Das Wasser aufkochen und dann bei reduzierter Temperatur 30–60 Minuten sanft köcheln lassen. Den Fond durch ein feines Sieb abgießen und kalt stellen. Der Gemüsefond kann im Voraus zubereitet und luftdicht verschlossen bis zu 2 Monate im Gefrierschrank aufbewahrt werden.

Brodo di manzo
Rinderfond

Ergibt etwa 2,5 l

2 kg Rinderknochen und frische Fleischreste
   (siehe Anmerkung)
2 EL Olivenöl
100 g Möhren, grob zerkleinert
100 g Staudensellerie, grob zerkleinert
100 g Zwiebeln, grob zerkleinert
40 g Knoblauchzehen, abgezogen und grob zerkleinert
2 reife Tomaten, grob zerkleinert
2 Lorbeerblätter
5 schwarze Pfefferkörner
2 Zweige Thymian
2 Stengel glatte Petersilie

Den Ofen auf 150 °C vorheizen. Die Knochen und Fleischreste in einem tiefen Backblech etwa 1–1,5 Stunden rösten, bis sie rundherum braun sind. Das Olivenöl in einer Schmorpfanne erhitzen und das Gemüse darin anbraten, bis es ebenfalls hübsch gebräunt ist.

Knochen und Fleisch auf dem Backblech mit etwas Wasser ablöschen, sämtliche Zutaten mit 4 l Wasser in einen großen Kochtopf geben und die Flüssigkeit aufkochen. Die Temperatur etwas reduzieren und alles ohne Deckel 3–4 Stunden sanft köcheln lassen. Dabei zwischendurch immer wieder Fett und Partikel von der Oberfläche abschöpfen. Die Brühe durch ein feines Sieb abgießen und kalt stellen. Sollte sich Fett an der Oberfläche absetzen, dieses vor dem weiteren Gebrauch des Fonds entfernen. Der Rinderfond kann im Voraus zubereitet und luftdicht verschlossen bis zu 2 Monate im Gefrierschrank aufbewahrt werden.

Tipp: Für einen Kalbsfond die Rinderknochen einfach durch Kalbsknochen ersetzen.

Brodo di crostacei

Krustentierfond

Ergibt etwa 3 Liter

300 g Krustentierkarkassen
(Köpfe und Schalen)

3 EL Olivenöl

2 ½ EL extra natives Olivenöl

200 g Zwiebeln, grob zerkleinert

150 g Möhren, grob zerkleinert

200 g Staudensellerie, grob
zerkleinert

40 g Knoblauchzehen, abgezogen
und grob zerkleinert

200 g Tomatenmark

2 kg Schnapperfischkarkassen (einschließlich der Köpfe), gründlich
gesäubert und grob zerkleinert

2 ganze Taschenkrebse, gesäubert
und geviertelt

100 ml trockener Weißwein

1,2 kg reife Tomaten, grob zerkleinert

Den Ofen auf 180 °C vorheizen und die Krustentierkarkassen mit dem Oli-venöl in eine kleine Auflaufform füllen. Die Schalen etwa 10–15 Minuten im Ofen goldbraun rösten und in dieser Zeit gelegentlich umrühren.

In einer großen Kasserolle das extra native Olivenöl auf mittlerer Stufe erhitzen und das zerkleinerte Gemüse, den Knoblauch, die gerösteten Kar-kassen und das Tomatenmark hineingeben und eine Minute braten. Die Schnapperfischkarkassen und die Krebsteile zugeben und etwa 5 Minuten mitbraten, danach den Weißwein zugießen und so lange garen, bis der Alko-hol verdampft ist. Die Tomaten und 3,5 l Wasser zugeben, alles kurz aufko-chen und anschließend 40–60 Minuten sanft köcheln lassen. In dieser Zeit ab und zu den Schaum von der Oberfläche abschöpfen. Größere Fischteile entfernen und die Brühe durch ein feines Sieb abgießen, dabei die Karkassen leicht ausdrücken, um ihnen das maximale Aroma zu entlocken. Den Fond erneut durch ein mit einem Passiertuch ausgelegtes feines Sieb abgießen, damit wirklich alle Gräten entfernt werden. Den fertigen Fond anschließend im Kühlschrank verwahren. Der Krustentierfond kann im Voraus zubereitet und luftdicht verschlossen bis zu 2 Monate im Gefrierschrank aufbewahrt werden.

Sugo alla napoletana

Neapolitanische Tomatensauce

Ergibt etwa 700 ml

1 Knoblauchzehe
100 ml extra natives Olivenöl
700 ml passierte Tomaten aus sehr reifen Tomaten
  (siehe Anmerkung)
feines Meersalz nach Geschmack
6 Blättchen Basilikum

Die Knoblauchzehe mit der flachen Klinge eines großen Küchenmessers zerdrücken, aber nicht zerteilen. In einer Kasserolle das Olivenöl auf kleiner Stufe erwärmen und die Knoblauchzehe darin langsam goldbraun dünsten. Die Knoblauchzehe entfernen, das Tomatenpüree in den Topf geben und mit Meersalz würzen. Die passierten Tomaten etwa 20 Minuten sanft köcheln lassen und zum Schluss die Basilikumblättchen zugeben.

Wichtig: Je nach Sorte und Reifegrad bedarf es bis zu 1,5 kg Tomaten für das Tomatenpüree. Die Qualität der passierten Tomaten ist für dieses Rezept sehr wichtig. Die Tomaten sollten sehr reif sein, um der Sauce die nötige Süße zu verleihen, ansonsten kann man eventuell etwas Zucker zufügen, doch das Aroma der Sauce wird nicht das Gleiche sein.

Die Tomaten auf der Unterseite zunächst kreuzweise einritzen, kurz in kochendes Wasser tauchen und anschließend in Eiswasser abschrecken. Die Tomaten häuten, den Strunk aus der Mitte entfernen und die kleinen Kerne herausdrücken. Die Tomaten in der Küchenmaschine nicht zu fein pürieren.

Ragù modenese

Hackfleischsauce aus Modena

Ergibt 700 g

50 g Strutto (Schweineschmalz, siehe Anmerkung)
1 Stange Staudensellerie, fein gewürfelt
1 mittelgroße Möhre, fein gewürfelt
1 kleine Zwiebel, fein gewürfelt
1 Lorbeerblatt
1 Knoblauchzehe, fein gehackt
feines Meersalz nach Geschmack
frisch gemahlener schwarzer Pfeffer nach Geschmack
50 g italienischer Pancetta oder Speckschinken, fein gehackt
50 g italienische Cacciatore (salamiähnliche Dauerwurst),
  klein gehackt
100 g Kalbshackfleisch
100 g Schweinehackfleisch
100 g Rinderhackfleisch
250 ml passierte Tomaten
50 g Tomatenmark
250 ml Rinderfond

In einer Kasserolle den Schmalz zerlassen und das Gemüse, das Lorbeerblatt und den Knoblauch auf mittlerer Stufe weich dünsten. Mit Meersalz und schwarzem Pfeffer würzen und danach den Pancetta, die Cacciatore und das Hackfleisch hineingeben und unter ständigem Rühren auf hoher Flamme scharf anbraten, bis das Fleisch gebräunt und in kleine Stücke zerfallen ist und die austretende Flüssigkeit verdampft ist. Die passierten Tomaten, das Tomatenmark und den Rinderfond zugeben und aufkochen. Anschließend bei reduzierter Temperatur 2 Stunden sanft köcheln lassen und dabei immer wieder umrühren, damit die Sauce nicht anbrennt. Die fertig gekochte Sauce im Kühlschrank aufbewahren.

Anmerkung: Strutto ist nichts anderes als Schweineschmalz und wird heute häufig durch Olivenöl oder eine Mischung aus Olivenöl und Butter ersetzt.

Salsa besciamella

Bechamelsauce

Ergibt etwa 850 ml

650 ml Vollmilch
325 ml flüssige Sahne
65 g gesalzene Butter, als Flöckchen
65 g Weizenmehl, Type 405
20 g frisch geriebener Parmigiano
   Reggiano
1 ¼ TL feines Meersalz

Die Milch mit der Sahne in einer Kasserolle aufkochen und für die Mehlschwitze parallel in einem weiteren Stieltopf die Butter zerlassen. Den Topf vom Herd nehmen und mit einem Holzlöffel das Mehl unterrühren. Den Topf erneut auf den Herd stellen und die Mehlschwitze eine Minute lang ununterbrochen rühren, um das Mehl »hell« zu rösten. Anschließend nach und nach die heiße Milch zugießen und zwischendurch die Mischung immer wieder glatt rühren. Sobald die Milch vollständig untergerührt ist, den geriebenen Parmesan und das Salz zugeben und die Sauce etwa 10 Minuten auf kleiner Stufe eindicken lassen, bis sie die Unterseite eines Holzlöffels überzieht. Die Sauce durch ein Sieb gießen, um eventuelle Klümpchen zu entfernen, auf Raumtemperatur abkühlen lassen und mit Frischhaltefolie abgedeckt in den Kühlschrank stellen oder sofort weiterverwenden.

Ragù bolognese

Bolognesesauce

Ergibt etwa 850 g

70 ml extra natives Olivenöl
70 g Butter
1 Stange Staudensellerie, fein
   gewürfelt
1 mittelgroße Möhre, fein gewürfelt
1 mittelgroße Zwiebel, fein gewürfelt
1 Lorbeerblatt
1 Knoblauchzehe, fein gewürfelt
feines Meersalz nach Geschmack
frisch gemahlener schwarzer Pfeffer
   nach Geschmack
200 g Schweinehackfleisch
200 g Kalbshackfleisch
130 g Prosciutto, fein gehackt
   (siehe Anmerkung)
100 ml trockener Rotwein
200 ml passierte Tomaten
1 EL Tomatenmark
200 ml Rinderfond (Rezept Seite 187)

In einer großen Kasserolle das extra native Olivenöl und die Butter auf mittlerer Stufe erhitzen und das Gemüse, das Lorbeerblatt und den Knoblauch weich dünsten. Mit etwas Salz und Pfeffer würzen und das Hackfleisch und den klein gehackten Prosciutto zugeben. Die Temperatur erhöhen und das Fleisch unter ständigem Rühren scharf anbraten, bis das Fleisch gebräunt und in kleine Stücke zerfallen ist und die austretende Flüssigkeit verdampft ist. Mit dem Rotwein ablöschen und diesen völlständig einkochen lassen. Dann die passierten Tomaten, das Tomatenmark und den Rinderfond zugeben und aufkochen. Anschließend bei reduzierter Temperatur 2 Stunden sanft köcheln lassen und dabei immer wieder umrühren, damit die Sauce nicht anbrennt. Die fertig gekochte Sauce im Kühlschrank aufbewahren.

Anmerkung: Ich verwende dafür immer die kurzen Endstücke des Prosciutto-Schinkens, die nur schwer in Scheiben zu schneiden sind, sich dafür aber gut zu Hackfleisch zerkleinern lassen.

Pasta fresca all'novo

Frischer Eiernudelteig

Ergibt etwa 600 g

330 g Weizenmehl, Type 405, etwas
mehr zum Bestäuben
70 g feiner Hartweizengrieß
½ TL feines Meersalz
4 Bio-Eier aus Freilandhaltung
(Gewichtsklasse M)

Das Mehl mit dem Grieß und dem Salz vermengen und auf einer Arbeitsfläche oder auf einem großen Holzbrett zu einem kleinen Berg aufhäufeln. In der Mitte eine Mulde für die Eier formen. Das Ergebnis sollte aussehen wie ein kleiner Vulkan. Die Eier über der Mulde aufschlagen, mit der Hand oder einer Gabel ein wenig verquirlen und gleichzeitig nach und nach vom Rand her das Mehl untermischen. Den Teig ein wenig kneten und noch etwas Mehl zugeben, falls er zu feucht und zu klebrig ist. Den Teig kurz beiseitelegen und die Arbeitsfläche säubern. Die Arbeitsfläche oder das Brett erneut mit etwas Mehl bestäuben und den Teig weitere 5 Minuten gut durchkneten. Danach den Teig in Frischhaltefolie gewickelt mindestens 30 Minuten im Kühlschrank ruhen lassen. Für die Pasta den Teig auf die gewünschte Dicke ausrollen oder walzen und entsprechend zuschneiden oder die gewünschten Formen ausstechen (siehe Seiten 198–201).

Den Pastateig auswalzen und in die gewünschte Form schneiden

600 g Eiernudelteig zunächst in 6 gleich große Stücke teilen und jedes Stück mit den Fingern und den Handflächen platt drücken. Die Walzen der Nudelmaschine zunächst auf den weitesten Abstand einstellen und den Abstand nach jedem zweiten Walzvorgang reduzieren, damit der Teig behutsam dünner wird. Zu Beginn ist der Teig noch etwas spröde, wird jedoch mit jedem Walzen elastischer.

Nachdem der Abstand der Walzen zum dritten Mal verringert wurde, sollte der Teig einmal gefaltet und mehrere Male hintereinander durch die Nudelmaschine gezogen werden, damit das fertige Teigblatt hinterher genau so breit ist wie die Nudelmaschine. Dies ist vor allem dann wichtig, wenn die Teigblätter für überbackene oder gefüllte Nudeln verwendet werden. Den Teig zwischendurch immer wieder leicht mit Mehl bestäuben. Sollte sich der Teig feucht anfühlen, eventuell etwas mehr Mehl verwenden.

Ist der Teig dünn genug ausgewalzt, sollte man überprüfen, wie feucht er ist. Für gefüllte Nudeln bedarf es eines etwas feuchteren Teigs, da dieser sich besser drehen und formen lässt. Will man Bandnudeln, z.B. Pappardelle, Tagliatelle, Linguine oder Spaghetti zubereiten, sollte man die Teigblätter vor dem Zuschneiden etwas trocknen lassen. Das kann je nach Luftfeuchtigkeit, Lufttemperatur und Wetter 5–45 Minuten dauern. Werden die Teigblätter zu feucht geschnitten, kleben die Nudelstränge beim Trocknen oder beim Kochen aneinander. Gleichzeitig dürfen die Teigblätter auch nicht zu trocken sein, da sie sonst beim Schneiden leicht brechen. Mit etwas Übung haben Sie den Dreh schnell raus!

Gefüllte Nudeln sollten stets im Kühlschrank aufbewahrt werden, da sonst die Füllung zu schnell verdirbt. Frische, gefüllte Nudeln sollten aber auf jeden Fall innerhalb von 1 bis maximal 2 Tagen gekocht und gegessen werden. Gefüllte Nudeln können natürlich auch eingefroren werden, schmecken aber frisch einfach am besten. Es gibt zahlreiche Methoden, gefüllte Pasta im Kühlschrank aufzubewahren, doch am einfachsten streut man etwas Hartweizengrieß zwischen die Lagen, damit die Nudeln nicht zusammenkleben, und deckt sie mit Frischhaltefolie ab. Vor dem Kochen den überschüssigen Grieß einfach abschütteln.

Auch frische Bandnudeln sollten möglichst frisch verzehrt werden. Je länger sie nach dem Zurechtschneiden trocknen, desto länger ist die Garzeit. Zu Hause ist die Aufbewahrung im Kühlschrank oft schwierig, daher sollte man Bandnudeln, die man nicht sofort verzehren will, am besten auf einem Holzbrett oder einem Tablett vollständig trocknen lassen. Getrocknete Nudeln halten sich bei Raumtemperatur mehrere Wochen und schmecken dann immer noch fantastisch.

Selbst einfache Nudelmaschinen enthalten meist Vorsätze zum Zuschneiden von Bandnudeln oder lassen sich mit diesen nachrüsten. Je nach Region variiert die Nudelbreite erheblich, daher sind die folgenden Angaben nur Richtwerte:

Capellini	1–2 mm breit
Spaghetti	2 mm breit
Tagliolini	2 mm breit
Linguine	4 mm breit
Tagliatelle	6 mm breit
Fettuccine	8 mm breit
Pappardelle	24 mm breit

Sollten Sie zum Zuschneiden der Pappardelle (breite Bandnudeln) keinen Vorsatz bekommen, kann man auch den Teig mit Mehl bestäuben, in geraden Streifen (die Teigenden dabei sauber übereinanderlegen) zu einer losen Rolle zusammenlegen und diese mit einem scharfen Messer quer in 3 cm breite Streifen schneiden. Die Nudeln anschließend vorsichtig aufwickeln und voneinander trennen.

Pasta fresca di castagne

Frischer Eiernudelteig aus Maronenmehl

Ergibt etwa 600 g

200 g Maronenmehl (siehe Anmerkung)
200 g Weizenmehl, Type 405, etwas mehr zum Bestäuben
½ TL feines Meersalz
4 Bio-Eier aus Freilandhaltung (Gewichtsklasse M)

Die beiden Mehlsorten mit dem Salz vermengen und auf einer Arbeitsfläche oder auf einem großen Holzbrett zu einem kleinen Berg aufhäufeln. In der Mitte eine Mulde für die Eier formen. Das Ergebnis sollte aussehen wie ein kleiner Vulkan. Die Eier über der Mulde aufschlagen, mit der Hand oder einer Gabel ein wenig verquirlen und gleichzeitig nach und nach vom Rand her das Mehl untermischen. Den Teig ein wenig kneten und noch etwas Mehl zugeben, falls er zu feucht und zu klebrig ist. Den Teig kurz beiseitelegen und die Arbeitsfläche säubern. Die Arbeitsfläche oder das Brett erneut mit etwas Mehl bestäuben und den Teig weitere 5 Minuten gut durchkneten. Danach den Teig in Frischhaltefolie gewickelt mindestens 30 Minuten im Kühlschrank ruhen lassen. Für die Pasta den Teig auf die gewünschte Dicke ausrollen oder walzen und entsprechend zuschneiden oder die gewünschten Formen ausstechen (siehe Seiten 198–201).

Anmerkung: Maronenmehl ist in Feinkostgeschäften und in italienischen Lebensmittelgeschäften erhältlich.

Pasta fresca di patate

Frischer Eiernudelteig mit Kartoffeln

Ergibt etwa 600 g

250 g mehlig kochende Kartoffeln (z.B. Bintje, Nicola oder Pink-Eye)
350 g Weizenmehl, Type 405, etwas mehr zum Bestäuben
1 TL feines Meersalz
2 Bio-Eier aus Freilandhaltung (Gewichtsklasse M)

Die Kartoffeln in der Schale weich kochen, danach noch heiß pellen und durch eine Kartoffelpresse drücken. Sie sollten 180 g Kartoffelmasse erhalten.

Das Mehl, die Kartoffelmasse und das Salz auf der Arbeitsfläche oder einem großen Holzbrett zu einer bröseligen Masse vermischen und zu einem kleinen Berg aufhäufeln. In der Mitte eine Mulde für die Eier formen. Das Ergebnis sollte aussehen wie ein kleiner Vulkan. Die Eier über der Mulde aufschlagen, mit der Hand oder einer Gabel ein wenig verquirlen und gleichzeitig nach und nach vom Rand her das Mehl untermischen. Den Teig ein wenig kneten und noch etwas Mehl zugeben, falls er zu feucht und zu klebrig ist. Den Teig kurz beiseitelegen und die Arbeitsfläche säubern. Die Arbeitsfläche oder das Brett erneut mit etwas Mehl bestäuben und den Teig weitere 5 Minuten gut durchkneten. Danach den Teig in Frischhaltefolie gewickelt mindestens 30 Minuten im Kühlschrank ruhen lassen. Für die Pasta den Teig auf die gewünschte Dicke ausrollen oder walzen und entsprechend zuschneiden oder die gewünschten Formen ausstechen (siehe Seiten 198–201).

Tipp: Da die Kartoffeln kein Gluten enthalten, muss dieser Teig etwas länger geknetet werden, damit er für die Nudeln elastisch genug wird.

Pizzoccheri
Frischer Eiernudelteig mit Buchweizenmehl

Ergibt etwa 600 g

200 g Buchweizenmehl (siehe Anmerkung)
200 g Weizenmehl, Type 405, etwas mehr zum Bestäuben
½ TL feines Meersalz
4 Bio-Eier aus Freilandhaltung (Gewichtsklasse M)

Die beiden Mehlsorten mit dem Salz vermengen und auf einer Arbeitsfläche oder auf einem großen Holzbrett zu einem kleinen Berg aufhäufeln. In der Mitte eine Mulde für die Eier formen. Das Ergebnis sollte aussehen wie ein kleiner Vulkan. Die Eier über der Mulde aufschlagen, mit der Hand oder einer Gabel ein wenig verquirlen und gleichzeitig nach und nach vom Rand her das Mehl untermischen. Den Teig ein wenig kneten und noch etwas Mehl zugeben, falls er zu feucht und zu klebrig ist. Den Teig kurz beiseitelegen und die Arbeitsfläche säubern. Die Arbeitsfläche oder das Brett erneut mit etwas Mehl bestäuben und den Teig weitere 5 Minuten gut durchkneten. Danach den Teig in Frischhaltefolie gewickelt mindestens 30 Minuten im Kühlschrank ruhen lassen. Für die Pasta den Teig auf die gewünschte Dicke ausrollen oder walzen und entsprechend zuschneiden oder die gewünschten Formen ausstechen (siehe Seiten 198–201).

Tipp: Natürlich kann man bei diesem Rezept auch die Menge des Buchweizenmehls erhöhen, allerdings lässt sich der Teig dann deutlich schlechter kneten.

Pasta fresca di farro
Frischer Eiernudelteig mit Dinkelmehl

Ergibt etwa 600 g

330 g Dinkelmehl , etwas mehr zum Bestäuben
70 g feiner Hartweizengrieß
½ TL feines Meersalz
4 Bio-Eier aus Freilandhaltung (Gewichtsklasse M)

Das Dinkelmehl mit dem Hartweizengrieß und dem Salz vermengen und auf einer Arbeitsfläche oder auf einem großen Holzbrett zu einem kleinen Berg aufhäufeln. In der Mitte eine Mulde für die Eier formen. Das Ergebnis sollte aussehen wie ein kleiner Vulkan. Die Eier über der Mulde aufschlagen, mit der Hand oder einer Gabel ein wenig verquirlen und gleichzeitig nach und nach vom Rand her das Mehl untermischen. Den Teig ein wenig kneten und noch etwas Mehl zugeben, falls er zu feucht und zu klebrig ist. Den Teig kurz beiseitelegen und die Arbeitsfläche säubern. Die Arbeitsfläche oder das Brett erneut mit etwas Mehl bestäuben und den Teig weitere 5 Minuten gut durchkneten. Danach den Teig in Frischhaltefolie gewickelt mindestens 30 Minuten im Kühlschrank ruhen lassen. Für die Pasta den Teig auf die gewünschte Dicke ausrollen oder walzen und entsprechend zuschneiden oder die gewünschten Formen ausstechen (siehe Seiten 198–201).

Pasta fresca alle ortiche

Frischer Brennnesseleiernudelteig

Ergibt etwa 600 g

135 g *Brennnesselblätter*
 (siehe Anmerkung)
330 g *Weizenmehl, Type 405,*
 etwas mehr zum Bestäuben
70 g *feiner Hartweizengrieß*
½ TL *feines Meersalz*
4 *Bio-Eier aus Freilandhaltung*
 (Gewichtsklasse M)

Anmerkung: Für die angegebene Menge braucht man etwa 450 g Brennnessel, die sich am besten mit OP-Handschuhen pflücken lassen. Dieses Rezept eignet sich auch für andere grüne Blattgemüse, z.B. für Spinat, Grünkohl, Rübstiel, Chicorée usw. Die Brennnesselblätter oder das andere Gemüse gründlich reinigen, damit keine Erde und kein Dreck unter den Teig gemischt wird.

Die Brennnesselblätter 2 Minuten in kochendem Wasser blanchieren und danach in Eiswasser abschrecken. Die Blätter abtropfen lassen und gründlich ausdrücken, z.B. die Blätter in einem Geschirrtuch auswringen. Anschließend die Blätter im Mörser fein zermahlen oder im Standmixer pürieren, sollten sie aber zu fein püriert werden, bekommt der Teig eine fluoreszierende Farbe.

Das Mehl mit dem Hartweizengrieß und dem Salz vermengen und auf einer Arbeitsfläche oder auf einem großen Holzbrett zu einem kleinen Berg aufhäufeln. In der Mitte eine Mulde für die Eier formen. Das Ergebnis sollte aussehen wie ein kleiner Vulkan. Die Eier über der Mulde aufschlagen, die zerkleinerten Brennnesselblätter in die Mulde geben, beides mit der Hand oder einer Gabel ein wenig verquirlen und gleichzeitig nach und nach vom Rand her das Mehl untermischen. Den Teig ein wenig kneten und noch etwas Mehl zugeben, falls er zu feucht und zu klebrig ist. Den Teig kurz beiseitelegen und die Arbeitsfläche säubern. Die Arbeitsfläche oder das Brett erneut mit etwas Mehl bestäuben und den Teig weitere 5 Minuten gut durchkneten. Danach den Teig in Frischhaltefolie gewickelt mindestens 30 Minuten im Kühlschrank ruhen lassen. Für die Pasta den Teig auf die gewünschte Dicke ausrollen oder walzen und entsprechend zuschneiden oder die gewünschten Formen ausstechen (siehe Seiten 198–201).

Pasta fresca al nero di seppia

Mit Sepiatinte gefärbter frischer Eiernudelteig

Ergibt etwa 600 g

330 g Weizenmehl, Type 405,
    etwas mehr zum Bestäuben
70 g feiner Hartweizengrieß
½ TL feines Meersalz
3 Bio-Eier aus Freilandhaltung
    (Gewichtsklasse M)
40 g Sepiatinte oder Kalmartinte
    (siehe Anmerkung)

Das Mehl mit dem Hartweizengrieß und dem Salz vermengen und auf einer Arbeitsfläche oder auf einem großen Holzbrett zu einem kleinen Berg anhäufeln. In der Mitte eine Mulde für die Eier formen. Das Ergebnis sollte aussehen wie ein kleiner Vulkan. Die Eier über der Mulde aufschlagen, die Sepiatine mit 1 TL Wasser verrühren und ebenfalls in die Mulde geben, beides mit der Hand oder einer Gabel mit den Eiern ein wenig verquirlen und gleichzeitig nach und nach vom Rand her das Mehl untermischen. Den Teig ein wenig kneten und noch etwas Mehl zugeben, falls er zu feucht und zu klebrig ist. Den Teig kurz beiseitelegen und die Arbeitsfläche säubern. Die Arbeitsfläche oder das Brett erneut mit etwas Mehl bestäuben und den Teig weitere 5 Minuten gut durchkneten. Danach den Teig in Frischhaltefolie gewickelt mindestens 30 Minuten im Kühlschrank ruhen lassen. Für die Pasta den Teig auf die gewünschte Dicke ausrollen oder walzen und entsprechend zuschneiden oder die gewünschten Formen ausstechen (siehe Seiten 198–201).

Anmerkung: Egal ob Sepia, Oktopus oder Kalmar – zum Färben von Speisen lässt sich die Tinte aller drei Kopffüßer verwenden. Am einfachsten kauft man sie in kleinen Fläschchen, aber mit etwas Übung kann man auch Kalmaren oder Sepia beim Säubern die kleinen silbrigschwarzen Tintensäcke entnehmen und die darin enthaltene Tinte benutzen.

Pasta fresca allo zafferano

Frischer Eiernudelteig mit Safran

Ergibt etwa 600 g

1 ½ TL Safranfäden
330 g Weizenmehl, Type 405,
etwas mehr zum Bestäuben
70 g feiner Hartweizengrieß
½ TL feines Meersalz
3 Bio-Eier aus Freilandhaltung
(Gewichtsklasse M)

85 ml Wasser und die Safranfäden in einen kleinen Topf geben und sanft köcheln lassen, bis die Flüssigkeit um ein Drittel reduziert ist. Die Flüssigkeit durch ein feines Sieb gießen, die Safranfäden entfernen und auf Raumtemperatur abkühlen lassen.

Das Mehl mit dem Hartweizengrieß und dem Salz vermengen und auf einer Arbeitsfläche oder auf einem großen Holzbrett zu einem kleinen Berg aufhäufeln. In der Mitte eine Mulde für die Eier formen. Das Ergebnis sollte aussehen wie ein kleiner Vulkan. Die Eier über der Mulde aufschlagen, den Safranaufguss zugießen, beides mit der Hand oder einer Gabel ein wenig verquirlen und gleichzeitig nach und nach vom Rand her das Mehl untermischen. Den Teig ein wenig kneten und noch etwas Mehl zugeben, falls er zu feucht und zu klebrig ist. Den Teig kurz beiseitelegen und die Arbeitsfläche säubern. Die Arbeitsfläche oder das Brett erneut mit etwas Mehl bestäuben und den Teig weitere 5 Minuten gut durchkneten. Danach den Teig in Frischhaltefolie gewickelt mindestens 30 Minuten im Kühlschrank ruhen lassen. Für die Pasta den Teig auf die gewünschte Dicke ausrollen oder walzen und entsprechend zuschneiden oder die gewünschten Formen ausstechen (siehe Seiten 198–201).

Gnocchi di patate

Kartoffelgnocchi

Ergibt etwa 600 g

650 g mehlig kochende Kartoffeln
(z.B. Bintje, Nicola oder
Pink-Eye)
½ Bio-Ei aus Freilandhaltung
(Gewichtsklasse M), verquirlt
½ TL feines Meersalz
150 g Weizenmehl, Type 405

Die Kartoffeln in der Schale weich kochen (siehe Anmerkung), danach noch heiß pellen und durch eine Kartoffelpresse drücken. Sie sollten 500 g Kartoffelmasse erhalten.

In einer großen Schüssel die Kartoffelmasse mit dem verquirlten Ei und dem Salz vermischen und nach und nach das Mehl einarbeiten, dabei 1 EL zum Bestäuben beiseitestellen. Damit anschließend die Arbeitsfläche bestäuben und jeweils ein Viertel des Teiges zu einem 1 cm dicken Strang rollen. Diesen Strang in 1 cm große Stücke schneiden und zu kleinen Klößchen formen und diese mit dem Daumen über die Innenseite einer Gabel rollen, damit kleine Rillen entstehen und die Sauce später besser daran haftet. Mit dem restlichen Teig ebenso verfahren. Bis zum weiteren Gebrauch die fertigen Gnocchi mit einem Pfannenwender vorsichtig auf ein mit Backpapier ausgelegtes Tablett legen.

Anmerkung: Die Kartoffeln sollten nicht länger als nötig im Wasser liegen, da der Teig dann zu nass wird und mehr Mehl zugegeben werden muss. Das zusätzliche Mehl wirkt sich negativ auf die Konsistenz der Gnocchi aus. Je weniger Mehl zugefügt werden muss, umso weicher sind die fertigen Gnocchi.

Gnocchi alla dalmatina di Ino

Ino Kuvacics dalmatinische Buttergnocchi

Ergibt etwa 600 g

520 g mehlig kochende Kartoffeln
(z.B. Bintje, Nicola oder
Pink-Eye)
1 EL Bio-Ei aus Freilandhaltung
(Gewichtsklasse M), verquirlt
40 g frisch geriebener Parmigiano
Reggiano
40 g weiche Butterflöckchen
½ TL feines Meersalz
100 g Weizenmehl, Type 405

Die Kartoffeln in der Schale weich kochen (siehe Anmerkung Seite 212), danach noch heiß pellen und durch eine Kartoffelpresse drücken. Sie sollten 400 g Kartoffelmasse erhalten.

In einer großen Schüssel die Kartoffelmasse mit dem verquirlten Ei, dem Parmesan, der Butter und dem Meersalz vermengen und nach und nach das Mehl einarbeiten, dabei 1 EL Mehl zum späteren Bestäuben beiseitestellen.

Damit anschließend die Arbeitsfläche bestäuben und jeweils ein Viertel des Teiges zu einem 2 cm dicken Strang rollen. Diesen Strang in 2 cm große Stücke schneiden. Mit dem restlichen Teig ebenso verfahren und die fertigen Gnocchi bis zum weiteren Gebrauch mit einem Pfannenwender vorsichtig auf ein mit Backpapier ausgelegtes Tablett legen.

Glossario
Glossar

ASTI SPUMANTE: ist ein süßlicher italienischer Schaumwein mit geringem Alkoholgehalt, der aus der Muskateller-Rebe hergestellt wird und in Italien auch Moscati d'Asti genannt wird, denn seine Heimat ist die Stadt Asti im Piemont.

BLUTORANGENÖL: Ein hochwertiges extra natives Olivenöl mit dem frischen und fruchtigen Aroma und Duft von Blutorangen.

BRENNNESSEL: ist eine mit Brennhaaren besetzte, ausdauernde krautige Pflanze. Durch die hohlen Brennhaare wird eine ameisensäureartige Substanz Menschen und Tieren unter die Haut gespritzt und verursacht dort einen brennenden Schmerz und oft auch Entzündungen, daher sollte man die Blätter nur mit Handschuhen ernten. Gekocht oder blanchiert verlieren die Blätter jedoch diese unangenehme Eigenschaft, daher erfreuen sie sich als Gemüse heute wieder großer Beliebtheit.

FONTINA-KÄSE: ein norditalienischer Schnittkäse aus Kuhmilch, der seinen Namen der Alm Font im Aosta-Tal verdankt, wo er seit dem 12. Jahrhundert hergestellt wird. Je nach Reifegrad besitzt er ein mild-würziges bis erdig-nussiges Aroma.

GARUM (FERMENTIERTE FISCHSAUCE): eine salzig-würzige Sauce aus fermentiertem Fisch (heute meist aus Sardellen), die bereits in der antiken römischen Küche zum Würzen verwendet wurde.

GEBACKENER RICOTTA: Eine typisch italienische Spezialität ist der »Ricotta al forno«. Dafür wird der frische Ricotta aus Schaf- oder Kuhmilch in runden Backformen im Ofen gebacken, bis ein kompakter Käse mit dunkelbrauner Kruste entsteht.

GORGONZOLA-KÄSE: Der berühmte norditalienische Blauschimmelkäse wird aus Kuh- und / oder Ziegenmilch hergestellt und schmeckt je nach Reifegrad cremig-mild bis würzig-pikant. Daher unterscheidet man auch den jungen sahnig-milden Gorgonzola Dolce Latte mit heller Schimmeläderung und den deutlich länger gereiften, mit grünblauen Schimmeladern durchzogenen Gorgonzola Piccante mit einem sehr würzigen Geschmack.

LARDO: (italienisch für »Speck«) ist ein besonders gereifter, fetter, mit Rosmarin und anderen Kräutern gewürzter Rückenspeck von Landschweinen. Der bekannteste Lardo stammt aus der Gegend um Colonnata in der Toskana, allerdings wird er heute in ganz Italien hergestellt.

MOSTO COTTO (VINCOTTO): bedeutet übersetzt gekochter Most bzw. Wein und ist eine italienische Würzspezialität aus eingedicktem Traubenmost. Dafür lässt man dunkle Rotweintrauben zunächst am Rebstock in der Sonne eintrocknen, presst sie zu Most und kocht diesen langsam und über Stunden zu einer Art dickflüssigem Sirup ein. Dieser Sirup kann zum Teil jahrelang in Eichenfässern gelagert werden und wird in Italien hauptsächlich für Desserts und Kuchen verwendet.

MOZZARELLA DI BUFALA (FRISCH): ein italienischer Frischkäse aus der Milch domestizierter Wasserbüffel, der ursprünglich in der Gegend von Kampanien hergestellt wurde. Inzwischen wird Mozzarella di Bufala auch in anderen Regionen herstellt, hat aber dadurch häufig an Geschmack eingebüßt.

MOZZARELLA DI BUFALA (GEREIFT): Ein fester Mozzarella aus Wasserbüffelmilch. Ersatzweise kann man Mozzarella aus Kuhmilch oder Provola-Käse aus Italien verwenden.

NDUJA-WURST: ist eine sehr würzige, streichfeste italienische Salamiwurst aus Schweinefleisch und Chili, wobei die Chilischoten zunächst gekocht und dann geröstet werden, was der Wurst einen sehr intensiven scharfen Paprikageschmack verleiht.

Ricotta (frisch): ist der Name für einen in der italienischen Küche weit verbreiteten, weichen Süßmolkefrischkäse aus Kuh-, Schaf-, Ziegen- oder Wasserbüffelmilch oder einer Kombination verschiedener Milchsorten.

Ricotta salata (gesalzen): ein hobelfähiger Tafelkäse, für den man frischen Ricotta presst, salzt, trocknet und 2–4 Monate reifen lässt. Er schmeckt etwas würziger und salziger als frischer Ricotta und wird häufig über Salate, Pastagerichte und Gemüsegerichte gerieben oder gehobelt.

Rübstiel: die als Gemüse verwendeten Stiele und gefiederten Blätter von Mai- oder weißen Rüben, die so dicht ausgesät werden, dass sie jung sehr zarte lange Blattstiele bilden. Mit einem feinsäuerlichen, leicht scharfen Aroma ist Rübstiel ein tolles Frühlingsgemüse.

Scarmorza-Käse: ist ein halbfester Schnitt-Frischkäse, dessen Bruch ähnlich wie beim Mozzarella oder Provola-Käse mit heißem Wasser überbrüht wird und zusätzlich häufig geräuchert wird. Der meist aus Kuhmilch hergestellte, angenehm frisch schmeckende Käse ist durch seine typische Birnenform unverwechselbar.

Schwarzwurzeln: gehören mit Sicherheit zu den eher ungewöhnlichen Wurzelgemüsen, die in der italienischen Küche jedoch weit verbreitet sind. Bei der Zubereitung muss die schwarze Schale mit einem Gemüseschäler entfernt werden und die Wurzel sofort in Wasser eingelegt werden, damit sie nicht braun anläuft.

Senffrüchte: Eine italienische Spezialität aus Cremora, bei der verschiedene Früchte in eine Mischung aus Zucker und Senföl eingelegt werden.

Sepiatinte (oder Tinte vom Kalmar oder Oktopus): Die Tinte ist ein grauschwarzer Farbstoff, der aus den Tintenbeuteln von Sepien bzw. Tintenfischen gewonnen wird und zum Färben von Lebensmitteln (vor allem von Pasta) verwendet wird. Sepiatinte kann selbst gewonnen werden oder in kleinen Flaschen in Feinkostläden gekauft werden.

Strutto: ist ein ausgeschmolzenes Schweineschmalz, das heute häufig durch Olivenöl oder eine Kombination von Olivenöl und Butter ersetzt wird.

Trüffel (schwarz): *Tuber melanosporum* oder die schwarze Trüffel ist eine Pilzgattung, die unterirdisch kugelig knollenartige Fruchtkörper bildet und in Symbiose mit den Wurzeln ihrer Wirtspflanze (häufig Haselnuss oder Eiche) lebt. Die durch und durch schwarze Trüffel ist im Gegensatz zu der eher minderwertigen nur äußerlich schwarzen Sommertrüffel aufgrund ihres einmaligen Aromas und ihres unvergleichlichen Duftes einer der teuersten Speisepilze der Welt.

Trüffel (weiss): *Tuber magnatum* oder die weiße Albatrüffel ist die in Italien am meisten geschätzte und weltweit teuerste Trüffelart, die hauptsächlich im Piemont rund um die Stadt Alba gefunden wird. Außen hat sie eine dünne hellbeige Rinde und auch die leicht marmorierte Schnittfläche ist hellbeige bis weißlich.

Indice
Register

Danksagung

Es gibt eine Menge Leute, bei denen ich mich bedanken muss. Zunächst einmal möchte ich meinem Vater danken, ohne den dieses Buch gar nicht entstanden wäre. Auch mit 76 Jahren ist er der aktivste und produktivste Mensch, den ich kenne. Sein Keller, sein Weinberg, sein Garten und seine Küche sind ein ständiger Quell gastronomischer Inspiration und Weisheit. Meiner Mutter danke ich für ihre unabhängige Meinung und ihre Leidenschaft für Menschen, Nahrungsmittel und Kultur. Meinen beiden Brüdern Paul und Ross danke ich für ihr großes Herz und dafür, dass sie es die längste Zeit ihres Lebens mit mir und meinem häufig zu großen Enthusiasmus für alles und jedes ausgehalten haben. Natürlich danke ich meiner ganzen Sippe, meinen Onkeln, Tanten, Vettern und Kusinen in Australien, Italien und Frankreich für ihre enorme Unterstützung und ihre fortwährende Großzügigkeit. Jeder von ihnen ist ein ganz besonderer Mensch.

Ganz besonders möchte ich mich bei Liliana Di Certo und Ottavio Zoccali aus Kalabrien für ihre wunderbare Unterstützung bedanken. Ich danke Carmela Greco für ihre Liebenswürdigkeit, ihre Großzügigkeit und ihren Einfallsreichtum, Professor John Scott von der Universität von Westaustralien dafür, dass er in mir ein großes Interesse für die italienische Sprache und Kultur geweckt hat und der ganzen Familie Syrmis für ihre so absolute und unkonventionelle Unterstützung, wie sie normalerweise nur engsten Familienmitgliedern zuteil wird. Sie sind die großzügigsten und bereicherndsten Menschen, die ich kenne. Ich danke den Köchen und Kollegen, die mich auf meinem Weg unterstützt haben und die mich, auch wenn sich unsere Wege zum Teil inzwischen getrennt haben, nie wirklich verlassen haben: Owen Trott, Russell Bar, Peter Martini, Michael Wise, Vince Garreffa, Khan Danis, Catherine Adams, Ino Kuvacic, Maurizio Terzini, Clive Kitchen, Mark Beattie, Mitch Edwards, die Seidel-Familie, Margi Kirby und viele, viele andere. Ich danke Robert Armstrong und Faithfull und ich danke allen ehemaligen und jetzigen Mitarbeitern des Pendolino-Restaurants, die Pasta zum absoluten Star unserer Küche gemacht haben. Besonders erwähnen möchte ich hier Vasilios Donoudis, Ciro Montuori, Felicity Goodall, Chris Campbell, Luukas Trautner, Lachlan Robinson, Sally Jackson und viele andere. Ein ganz besonderer Dank gilt dem Sommelier Cristian Casarin für sein Wissen, seine Leidenschaft, seine Aufrichtigkeit und seine Natürlichkeit und Raffaello Pignetti, einem wahrhaft gastfreundschaftlichen Gentleman und Weisen im wahrsten Sinne des Wortes.

Ich möchte meinem Verlag Murdoch Books und allen in diesem Projekt involvierten Mitarbeitern danken.

Zu guter Letzt danke ich meiner Frau Krissoula, die zugleich bei allem, was ich mache, meine Muse, Vertraute und Partnerin ist, und meinem Sohn Luca, meiner größten Inspiration und dem klügsten Menschen, den ich kenne. Er ist wirklich ein Geschenk! Dieses Buch ist ihnen gewidmet.

Ringraziamenti

Sono molte le persone a cui sento il bisogno di esprimere i miei ringraziamenti. Comincerei, innanzitutto, da mio padre, la persona cioè, cui questo libro deve la sua progettazione e la sua realizzazione. Alla veneranda età di 76 anni, mio padre è un esempio incredibile di produttività e dinamicità; la sua vigna, la sua cantina, la sua cucina, sono sorgenti inesauribili di ispirazione gastronomica nonché meravigliosa espressione di saggezza contadina. Il mio grazie va poi a mia madre, voce indipendente e oggettiva, alla sua passione per la gente, per il cibo e per la cultura che a tutto ciò si richiama. Grazie anche ai miei fratelli Paul e Ross, alla loro generosità, alla loro capacità di aver sopportato il mio esuberante entusiasmo per tutta la vita. I segni della mia riconoscenza vanno poi alla parte allargata della mia famiglia: agli zii, alle zie, ai cugini in Australia, in Francia e in Italia per la loro disponibilità e l'incoraggiamento che da loro ho sempre ricevuto. Sono tutti per me molto « speciali ».

Un grazie particolare a Liliana Di Certo ed Ottavio Zoccali che dalla Calabria non mi hanno fatto mancare il loro prezioso stimolo. Grazie anche a Carmela Greco per la sua gentilezza e generosità. Vorrei, inoltre, citare il Prof. John Scott dell'università del Western Australia per avere instillato in me l'interesse per la lingua italiana e per la cultura italiana in senso lato. Gratitudine alla famiglia Syrmis per il loro appoggio incondizionato; i miei suoceri sono stati assolutamente incomparabili nella loro generosità e nel loro sostegno. Non dimentico poi i miei colleghi che mi hanno aiutato per tutto il tempo; una presenza la loro che va ben oltre quella fisica. Cito al riguardo Owen Trott, Russell Barr, Peter Martini, Michael Wise, Vince Garreffa, Khan Danis, Catherine Adams, Ino Kuvacic, Maurizio Terzini, Clive Kitchen, Mark Beattie, Mitch Edwards, la famiglia Seidel, Margi Kirby e tanti altri ancora. Grazie inoltre a Robert Armstrong e Faithfull. Grazie a tutto il personale del Pendolino, a quello presente e a tutti coloro che ne hanno fatto parte in passato; grazie per il ruolo importante giocato nel fare della « pasta » il fiore all'occhiello del nostro ristorante. Particolare menzione a Vasilios Donoudis, Ciro Montuori, Felicity Goodall, Chris Campbell, Luukas Trautner, Lachlan Robinson, Sally Jackson e molti altri. Uno speciale grazie al sommelier Cristian Casarin per la sua competenza, passione, onestà e autenticità. Grazie anche a Raffaello Pignetti, un genuino « gentleman » dell'ospitalità e una persona saggia nel vero senso del termine. Ringrazio il mio editore Murdoch Books e tutto il personale coinvolto in questo lavoro.

Infine Luca e Krissoula. Grazie a mia moglie Krissoula, la mia compagna, la mia confidente, la mia complice in tutto ciò che realizzo. Grazie Krissoula per essere quello che sei! E per finire, grazie al mio più « grande » ispiratore: mio figlio Luca, la persona più perspicace che io conosca, il dono più prezioso che la vita mi abbia fatto. È a loro che questo libro è dedicato.

Die englische Originalausgabe erschien 2012
unter dem Titel »Pasta Artigiana – Simple to Extraordinary«
bei Murdoch Books Pty Limited, Australien

www.collection-rolf-heyne.de

Text © Nino Zoccali
Fotografie © Nicky Ryan
Design © Murdoch Books

Übersetzung aus dem Englischen: Franziska Weyer, Hellenthal
Redaktion der deutschen Rezepte: Dr. Regina Roßkopf, München

Druck und Bindung: 1010 Printing International, China

Besonderer Dank gilt Robert Gordon Australia für das freundliche
Bereitstellen von Requisiten und die Unterstützung der Fotografie.

Hinweise für den Leser
– Schwangere Frauen, Kinder, ältere Personen und alle, die eine
  geschwächte Immunabwehr haben, sollten keine Gerichte mit
  rohen oder nur leicht gegarten Eiern verzehren.
– Die Zubereitungstemperaturen und Zeiten beziehen sich auf
  konventionelle Herde. Wenn Sie einen Heißluftherd besitzen,
  reduzieren Sie die Ofentemperatur um 20 °C.
– Alle Maßangaben für EL beziehen sich auf gestrichene Löffel
  und entsprechen 20 ml.

Printed in China.

ISBN 978-3-89910-562-9